村本篤信
MURAMOTO ATSUNOBU

話しやすい人
になれば

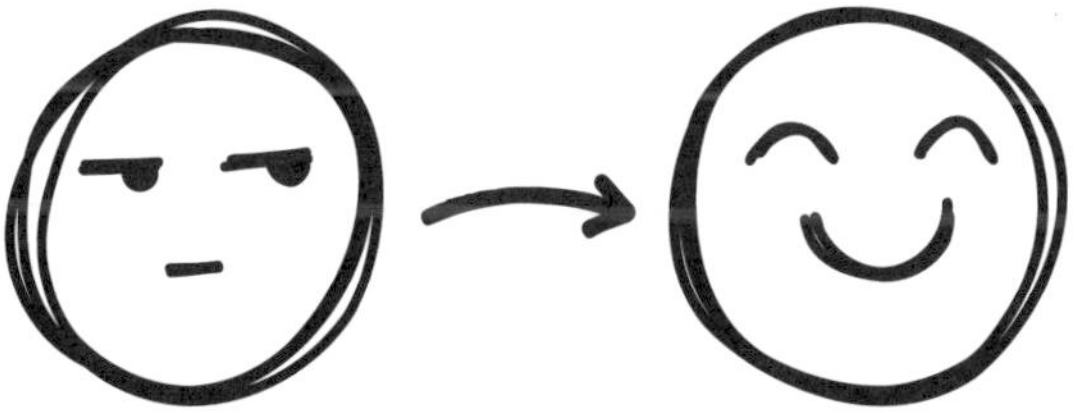

人生が変わる

ALPHAPOLIS
アルファポリス

はじめに

「話しやすい人」と呼ばれて

みなさん、はじめまして。村本《むらもと》篤信《あつのぶ》と申します。

おそらくほとんどの方が、「誰？」「知らんがな」と思われたでしょうが、私は大学卒業後、８年強の印刷会社勤務を経て、２００３年から20年近く、フリーランスのライター・エディターをしています。

これまで携わった書籍のトータルの売上げ部数は、３００万部近く。

ほかにも、さまざまな分野の著名人や専門家、経営者などに取材をし、雑誌や広報誌、ウェブメディアの記事としてまとめたり、コラムを書いたり、時々は舞台、ドラマの脚本を書いたりしてきました。

一方で私は、１９９４年から30年近く、ドラァグクイーン「エスムラルダ」として新

宿二丁目を中心に活動しており、メイクをしてイベントやメディア等に出演し、ショーをしたりMCをしたり、歌ったりお芝居をしたりしています。

昼も夜もちょっと特殊な仕事をしているとはいえ、私は特別何かのジャンルに詳しかったり、何かを極めたりしているわけではありません。読みやすく伝わりやすい文章を書くよう心がけてはいますが、筆が速いほうではありませんし、私よりも文章の上手い方はたくさんいらっしゃるでしょう。

ただ、そんな私が、ライターとして18年、ドラァグクイーンとして27年、なんとかやってこられた理由の一つは、私が――

話しやすい人だったことにある

と思っています。

自分で言うのもなんですが、私は今まで、人からよく「話しやすい」と評価されてきました。

もしそれらの言葉がすべてお世辞だった場合、これから私が書こうとしていることは

すべてなんの説得力も持たない、ただの机上の空論、砂上の楼閣《ろうかく》になってしまうのですが、実際に多くの人が心を開き、いろいろなことを話してくれたことを考えれば、おそらく真実ではないかと思います（そう信じたい）。

そして、話しやすい人であることは、ビジネスにおいてもプライベートにおいても、大小さまざまなメリットをもたらしてくれました。

話しやすい人だと、取材がスムーズに進みますし、たくさんの人と仲良くなることができ、情報も集まってきます。

私はフリーランスになって以来、営業活動らしいことをほとんどしたことがなく、仕事はすべて、人とのつながりによって舞いこんできました。そんなご縁をいただき、育むことができたのは、話しやすい人だったおかげではないかと思うのです。

やや前置きが長くなってしまいましたが、この本のテーマは「話しやすい人について」です。

私は決して、話しやすい人になろうとしてなったわけではないので、どれほど実践的で役に立つことをお伝えできるかわかりませんが、話しやすい人になるにはどうすれば

いいのかを、みなさんと一緒に掘り下げていきたいと思います。

話しやすい人になることで得られる4つのメリット

『話しやすい人になれば人生が変わる』という、やや大げさなタイトルをつけていることの本ですが、ここで、「話しやすい人になると、どのように人生が変わるのか（どのようなメリットがあるのか）」についてお話ししておきたいと思います。

とはいえ、話しやすい人たちの事例を集め、享受しているメリットや人生の変化の度合いを客観的に測定し統計をとった……わけではありません。

これからお話しするのは、あくまでも話しやすい人とよく言われる私の、非常に主観的な意見にすぎないことを、あらかじめご了承ください。

さて、人から話しやすい人と思われることで得られるメリットとしては、次のようなものが考えられます。

①人と話すことが増え、人の輪が広がりやすくなる
②情報が集まりやすくなる
③仕事がスムーズに進みやすくなる
④結果として、人生が楽しくなる

【メリット①】話しやすいと、人の輪が広がる

①に関しては、あらためて説明するまでもないかもしれません。
もし目の前に、穏やかで明るい表情の人と、イライラした表情の人がいて、どちらかに話しかけなければならない場合、みなさんはどちらに話しかけますか?

あるいは、何を言っても受け入れ、前向きに肯定してくれる人と、何を言っても否定し、ネガティブにとらえる人がいたら、どちらと話したいと思いますか?

多くの人は、おそらく前者を選ぶのではないでしょうか。

話しやすい人になれば、人から話しかけられる機会が増え、話したいと思われることも多くなるため、自然と人の輪が広がり、関係も深まりやすくなります。

人の輪が広がれば、さまざまな情報を知ったり、チャンスが舞いこんできたりしやすくなりますし、思いがけない人と知り合いになることもあります。

それだけで日々の生活が、そして人生が、楽しく充実したものになるでしょう。

【メリット②】話しやすい人のもとには情報が集まってくる

次に②についてお話ししましょう。

みなさんはふだん、情報をどこから入手していますか？

本や新聞や雑誌などの文字情報、テレビやラジオ、ネットやＳＮＳから入手することがほとんどだと思いますが、人との会話から情報を得ることも少なくないでしょう。

ちなみに、私はかなりの「耳学問派」です。

文字を扱う仕事をしていながらナンですが、文字で読んでもちっとも理解できず頭に

も入ってこなかった情報や知識が、**人に説明してもらったおかげですんなり理解できた**……ということが、よくあります。

さらに、ビジネスでもプライベートでも、いろいろな人と知り合い、会話を交わす中で得られた情報や知識がたくさんあり、それらの人生におけるお役立ち度は、メディア等から得た情報や知識をはるかに凌《りょう》駕《が》しているように思います。

私自身は、話しやすい人だったおかげで、幅広くさまざまな話を聞くことができ、自分一人では知りえなかった知識や情報が増え、人生が豊かになったと感じています。

また、話しやすい人になると、人から「ここだけの話」を聞かされたり、悩みを打ち明けられたりする機会も増えます。

【メリット③】　話しやすい人は、仕事をスムーズに進めやすい

そして③についてですが、話しやすい人だと思ってもらえることが、フリーランスのライターという私の仕事にとって非常に有利であることは間違いありません。

まず、話しやすい人、一緒に仕事をしやすい人だと思ってもらえれば、仕事を依頼される機会が増えます。実際私は、実力はともかく、これまでその一点だけを武器に、なんとか食いつないできたようなところがあります。

取材をする際も、相手が私を話しやすい人だと思い、リラックスしてくれれば、必要な話をスムーズに聞き出すことができますし、普通ならなかなか知りえない裏話などを聞かせてもらえることもあります。

もちろん、ライター以外の仕事をしている人にとっても、話しやすい人であることは、多くのメリットをもたらすでしょう。

話しやすい人には、**社内外からさまざまな有益な情報が集まってきます**。

営業職やお店を経営している人にとっては特に、話しやすい人であることは、売上げをアップするうえで必要不可欠なスキルでしょう。

管理職にとっても、話しやすい人であることは重要です。

たとえば、仕事でミスをしたときやトラブルに巻きこまれたとき、上司が怖い人、話しにくい人であれば、部下は報告・連絡・相談をせず、一人でなんとかしようとしてし

まいがちです。私が部下なら、間違いなくそうします。その結果、上司が気づいたときにはすでに手がつけられないほどの大惨事になっていることもありえます。

しかし、上司が話しやすい人であれば、**部下もこまめに報・連・相しやすい**ため、ミスやトラブルを未然に防いだり、事が大きくなる前に、早めに対処したりできる可能性が高まります。

その結果、会社から「リーダーシップがある」と評価されることにもなるでしょう。

【メリット④】話しやすい人は、「いい循環」がうまれやすい

最後に、④についてお話ししましょう。

「話しやすい人は、自己肯定できている人だ」といった趣旨のことを、１６３ページでていねいに書いていますが、話しやすい人の場合、

● すでに自己肯定できている（自分が好きである）
←

●話しかけやすい人になる

↓

●人の輪が広がり、情報や知識が増え、仕事もスムーズに進む

↓

●日々の生活が楽しい

↓

●さらに自分が好きになる

という循環がうまれやすく、結果的に人生が楽しくなりやすいといえます。

もちろん、こうした循環を望ましいと感じるかどうかは人それぞれです。たまたまこの文章を読んでしまったみなさんの中にはもしかしたら、

「いや、自分はむしろ、一人でいるほうが気楽でいいし、人の輪が広がらなくても、仕事でそんなに成果を上げられなくても、十分幸せだし、自分のこと好きだし……」

という方もいらっしゃるかもしれません。

その考え方、価値観はもちろん大ありです。

みんなが話しやすい人にならなければいけない、みんなが高いコミュニケーション能力を持っていなければならない、みんながスムーズに仕事をこなさなければならないなどとは、私も思っていません。

使い古された表現ですが、「みんな違って、みんないい」のです。

ただ、あなたが

「もっと自分を好きになりたい」

「もっといろいろな人と仲良くなりたい」

「もっと仕事の成績を上げたい」


と考えているなら、もしかしたら、話しやすい人になることが、その助けになるかもしれません。

C O N T E N T S

CONTENTS

STAGE4　聞き上手になる

STAGE5　話し上手になる

CONTENTS

第2章 マインド編

話しやすい人はこう考えている！

第3章

シチュエーション編

話しやすい人はこう切り抜ける！

第1章

テクニック編

これだけ押さえておけば大丈夫!

話しやすい人になるためには、誰にでも簡単に実践できるものから、少し難しいものまでいくつかのテクニックが必要です。

第1章ではそれらを

STAGE1　リラックス上手になる
STAGE2　見せ方上手になる
STAGE3　レスポンス上手になる
STAGE4　聞き上手になる
STAGE5　話し上手になる

の5つのステージに分けてご紹介しましょう。

01

「深呼吸」で自分をリラックスさせる

話しやすい人は、自分自身と相手をリラックスさせられる

このステージでは、リラックス上手になるテクニックについてお話ししていきましょう。

多くの人から話しやすいと思われるために、まず必要なのは、**リラックスすること**です。

あなたが「この人、話しやすいな」と感じる人を思い浮かべてみてください。

その人にはどのような特徴がありますか？

あなたをリラックスさせてくれるような、**ゆったりした雰囲気の持ち主**ではありませんか？

誰かと話しているとき、あなたが緊張していたら、あるいはピリピリした雰囲気をかもし出していたら、その緊張やピリピリは相手に伝わり、相手も緊張したりピリピリしたりしてしまいます。

また緊張すると、頭が真っ白になって何を話したらいいかわからなくなる、相手の話が入ってこない、といったことも起こりやすくなります。

それでは、まともな会話を成立させることができず、相手も戸惑ってしまうでしょう。

緊張すると、なぜ頭が真っ白になるのか

ちなみに、緊張して頭が真っ白になるのは、交感神経が優位になるためです。

私たちの体には、意思とは関係なく働く自律神経があり、自律神経は交感神経と副交感神経によって成り立っています。

この2つがバランスをとることによって、呼吸や体温、胃腸の働き、心臓の動きなどがコントロールされ、私たちの生命が維持されているのです。

このうち、交感神経が優位になると、体は緊張し活動に適した状態になります。

そして、心拍数や血圧が上がったり、呼吸が浅く激しくなったり、胃腸の働きが悪くなったり、瞳孔《どうこう》が開いて視野が狭くなったり、「考える」「感情をコントロールする」「判断する」といった役割をになう脳の前頭前野《ぜんとうぜんや》という部分の働きが低下したりします。

これは、体を生命の危険から守るため、太古の昔に遺伝子レベルで組みこまれたシステムだといわれています。

たとえば山道で、こちらに向かって突進してくるイノシシに遭遇した場合、「イノシシはあと何秒でここまでやってくるだろうか」などと考える余裕はなく、闘うか逃げるかを一瞬で判断し、行動しなければなりません。

そのため人が緊張状態におかれると、脳の「考える」部分の働きが抑えられ、体が「火事場の馬鹿力」を発揮できるよう、心臓や肺の機能が一時的に強化されたり、筋肉に血液やエネルギーが集められたりするようになったのです。

緊張すると頭が真っ白になって何も考えられなくなったり、ドキドキしたり、筋肉が

こわばったりするのは、その名残りだと考えられています。

他方、副交感神経が優位になると、心身がリラックスし、休息に適した状態になります。

深呼吸をして、副交感神経を優位にし、心身の緊張を解こう

おそらくみなさんの中には、目上の人や初対面の人に会うとき、どうしても緊張してしまうという人もいるでしょう。

私自身、たとえば以前から憧れていた人と初めて会ったり、ちょっと怖そうな雰囲気の人と話したりするときには、やはり緊張してしまうことがあります。

また、ごくたまにですが、取材をしていて質問や会話が続かなくなることがあります。

予定していた質問に、先方が短い言葉でサクサクと答えすぎて取材時間が大幅に余ったり、何を訊《き》いても同じ答えしか返ってこず、明らかに「取《と》れ高《だか》」が少なかったりしたときです。

こうした場合は、先方の答えを掘り下げる、別の角度から質問をする、といったこと

が必要になりますが、相手がピリピリした雰囲気を出している方だったり、先方の発言内容が難解だったりすると、気が焦って頭が真っ白になってしまいます。

そんなとき、私が必ずやることにしているのが、深呼吸です。

緊張して交感神経が優位になり、心拍数が上がったり呼吸が浅く激しくなったりすると、体が「今は緊張状態なのだ」と判断して、

●●

さらに心拍数が上がる
呼吸が浅く激しくなる

といったことが起こりやすくなりますが、副交感神経のスイッチを入れることができれば、心身をリラックスモードにすることができます。

そして、**もっとも簡単に体をリラックスさせられる方法が**、**深呼吸**なのです。

深呼吸をすると、「幸せホルモン」と呼ばれ、精神を安定させ、人に安心感や平常心をもたらす働きがあるセロトニンという神経伝達物質が脳内に分泌《ぶんぴつ》されます。

それに伴って副交感神経のスイッチが入って体が徐々にリラックスモードになり、交感神経優位のときの過剰な体の反応もおさまっていきます。

人と会う前に、あるいは話をしている最中に「緊張しているな」と感じたら、できるだけゆっくり、深く息を吐き、吸うことを、何度か繰り返してみましょう。

それだけでかなり気持ちが落ち着き、リラックスでき、頭が真っ白になることもある程度回避できるはずです。

02

「緊張してもいい」と自分に許可を出す

人は「〜してはいけない」と思えば思うほど、それを意識してしまう

もう一つ、緊張をやわらげたいときに私が必ずやるのが、「緊張したらどうしよう」

と思うのではなく——

「緊張してもいい」

と自分に許可を出してあげることです。

人は「～してはいけない」と思えば思うほど、それを意識してしまいます。
みなさんの中にも、「緊張したらどうしよう」「緊張してはいけない」と思えば思うほど余計に緊張した……という経験がある人が、たくさんいらっしゃるのではないでしょうか。

そこで、いつの頃からか私がやり始めたのが、

「緊張したかったら、してもいいよ」
「緊張しても死ぬわけじゃないし」

と、心の中で自分に話しかけることでした。

別に、本気で「緊張してもいい」と思っていなくてもかまいません。

ただ、形だけでも何度か自分にそう語りかけることで、「そうか、別に緊張してもいいのか」という気持ちになっていくはずです（たぶん）。

憧れていた人や怖そうな人と話すとき、失敗が許されないような場でトークや歌や芝居をするときなどに、「緊張してもいいよ」と心の中で呪文のように唱えているの

ですが、私の場合は効果があるような気がします。

もっとも、これがあらゆる人にあてはまるかどうか、私にはいまひとつ自信がありません。一、二度試してみて、かえって緊張したという場合は、ただちに使用を中止してください。

自分が緊張していることを、事前に相手に伝えてみよう

人と話をするとき、もしくは人前で話すときなどに緊張をやわらげるため、私がよくやる方法としてはほかに、

相手に、自分が緊張しやすいこと、あるいは自分が緊張していることを、事前に伝えてしまう

というものがあります。

「〜してはいけない」と思えば思うほどかえってそれを意識してしまうのと同様、人は、**相手に何かを気づかれないようにしようとすればするほど、それを意識し、行動**

が不自然になってしまいがちです。

つまり、緊張していることを悟られないようにしたい、堂々としていると思われたいと思うと、かえって緊張したり、会話がぎこちなくなってしまったりするのです。

その点、最初に

「すみません、今、すごく緊張しています」

「私、めちゃくちゃ緊張しいなのです」

と言ってしまえば、もはや緊張を隠す必要はなくなりますし、「私、最初にちゃんと言ったもんね」「だから、相手には、そんな私を受け入れる義務があるもんね」（かなり自分勝手な言い分ですが）と開き直ることができます。

実際、よほど意地悪な人でない限り、最初にそう告げられたら、相手も「そうか、この人は緊張しているんだな」と温かい目で見守ってくれるでしょう。

03

「ゆったりトーク」でイライラを抑え、安心感を与える

イライラしているときほど「ゆっくり話す」

ここまでは、相手に話しやすい人だと思ってもらえるよう、緊張しがちな場面で自分自身をリラックスさせる方法についてお話ししてきました。

では、**ピリピリした雰囲気を感じさせない**ためにはどうしたらいいのでしょう。

相手に腹を立てていて、不快な思いをさせたい、威圧したいということであれば、そのままでもかまいませんが、まったく関係ないことでイライラしている場合、その感情をコントロールできるようになることも、話しやすい人になるためには必要です。

もしあなたが何かにいらだっているのなら、やはり深呼吸をすることをおすすめします。

そのうえで、**できるだけゆっくり話す**ように心がけてみてください。

自分が「ゆっくりだ」と感じるスピードより、さらにゆっくり話すのがポイントです。

取材時の音声や、ステージやメディアで自分が話している声を聞くたびに思うのですが、体感は意外とあてになりません。自分ではゆっくり話しているつもりでも、他人の耳にはまだまだ早口に聞こえる、ということがよくあります。

ゆっくり話すと、そのペースに心が引っ張られて、気持ちも落ち着きます。それだけで、相手にピリピリ感が伝わりにくくなるはずです。

ゆっくり話すと、相手に安心感を与えられる

ゆっくり話すと相手から、落ち着いた人、おおらかな人、優しい人と思われやすく、相手に安心感を与えるというメリットもあります。

早口で話す人、まくしたてるように話す人は、頭の回転が速い人、はきはきした人と思われやすく、話術がともなえば、楽しい人、面白い人と思われることもありますが、相手を緊張させたり、軽薄な人という印象を与えたりすることも少なくありません。

さらに、こちらが早口だと、相手は話すタイミングを見つけづらく、聞き逃しや聞き間違いなどが発生しやすいというデメリットもあります。

自分は早口だ、焦ったり緊張したりすると早口になりやすい、という自覚がある人、あるいは、自覚はなくても何かを話したあとでよく聞き返される人、「もうちょっと落ち着いて話して！」とよく注意される人は、話をするとき常に、

相手にきちんとていねいに伝えようという意識を持つ
口を開く前に深呼吸をして、気持ちを落ち着かせる
自分が「ゆっくりだ」と感じるスピードより、さらに一段ペースを落として話す

● 文章に読点「、」を入れるのと同じような感覚で、話の途中にちょっとした間を置く

といったことを心がけるといいでしょう。

もっとも、ゆっくり話しすぎるのも、ときには人をイライラさせてしまいます。

話すときの適切なスピードは、一般的に**1分間で300文字話す速さ**、キャスターがニュースを読む速さだといわれています。

自分の話すスピードがどの程度なのか、一度計ってみるといいかもしれません。

04

「ゆるふわな雰囲気」で相手をリラックスさせる

「やわらかい表情」と「やわらかい感情」で相手と向き合う

次に、会話の相手が緊張しているとき、その緊張をほぐす方法についてお話ししたいと思います。

初めて会う人と話すときや、ライターとして取材をするとき、相手の方が緊張していることがしばしばあります。

そんなとき、私は相手の緊張がほぐれるよう、できるだけのことをします。

打ち解けるためにも、取材をスムーズに進め、さまざまな話を引き出すためにも、相

手にリラックスしてもらう必要があるからです。

相手の緊張をほぐすうえでポイントとなるのが、「**ゆるふわな雰囲気**」です。

時折、陽気で快活で、相手の緊張をパワーでほぐしてしまう人もいますが、それがうまくいくかどうかは、持って生まれた性格やコミュニケーション力に左右されます。また、陽気さや快活さは、場合によっては相手に「圧」を感じさせ、より緊張させたり萎縮《いしゅく》させたりする可能性があります。

しかし、ゆるふわな雰囲気をかもし出し、相手の緊張をほぐすという方法であれば、誰にでも比較的簡単に実践できるのではないかと、私は思います。

そして、ゆるふわな雰囲気を出すためには、

① やわらかい表情
② やわらかい感情
③ やわらかい話し方

の3つが必要です。それぞれについて、順にお話ししていきましょう。

まず、①やわらかい表情。

ただでさえ緊張しているときに、相手が厳しい表情をしていたら、誰でも余計に緊張してしまうでしょう。

逆に、相手がにこやかな表情、穏やかな表情であれば、最初は緊張していても、徐々に緊張感がほぐれていくはずです。

やわらかい表情を作るためには、まず**意識的に口角を上げてみましょう**。口角を上げると、それにつられて表情全体がやわらかくなります。

口角を上げる効果については、STAGE2で詳しくお話しします。

次に、②やわらかい感情。

表面をどれほど取りつくろっても、感情はどうしても雰囲気ににじみ出てしまいます。

イライラしていたり怒っていたり、相手に対し何かしらネガティブな感情を持っていたりすると、気づかないうちに態度に出て相手に伝わり、相手をより緊張させてしまい（もしくは不快にさせてしまい）ます。

もし、直前までに嫌なことがあってイライラや怒りを感じていたとしたら、深呼吸をすること、ゆっくり話すことなどによって、その気持ちをリセットしましょう。

あなたが会話をしている相手に対し、何かしらネガティブな感情や苦手意識を持っている（しかし、その相手に話しやすい人だと思われたい）場合は、いったんその感情を脇におく必要がありますが、その際にも深呼吸をするというのは有効です。

深呼吸をすると気持ちが落ち着き、**相手へのネガティブな感情が薄れる**ことがあるからです。

あるいは、「脳をだます」という方法もあります。

たとえば、口角を上げたり、穏やかな口調で話したり、会話をしながら**相手のいいところを見つけようとしたり**、会話中、折に触れて「この人、いい人だな」「この人、面白い人だな」と心の中で思うようにしたりすると、意外と脳がだまされて、「自分は今、この会話を楽しんでいる」「自分は今、優しく穏やかな気持ちで相手と話している」という錯覚に陥《おちい》ったり、相手へのネガティブな感情が薄れたりすることがあります。

このやり方は向き不向き（脳がだまされやすい人とそうでない人）がありますし、どうしても相手のいいところが見つからず、失敗することもありますが、機会があったらぜひ試してみてください。

「やわらかい話し方」を心がける

最後に、やわらかい話し方。

声のトーン、話すペース、言葉の選び方、会話の内容など、あらゆる面でゆるふわ感を出していきましょう。

生まれ持った声の質はなかなか変えることはできませんが、自分比でかまいませんので、**やや低めの落ち着いた声**で話すこと。

少し**ゆっくりめのペースで話す**こと。

会話の冒頭だけでもこの２つを心がけることで、相手の緊張はかなりほぐれるのではないかと思います。

そのうえで、できれば、次の３つに気をつけるといいでしょう。

- 相手の発言などを否定せず、基本的には共感モードを貫く
- 相手の発言をせかさない
- やわらかい言葉を使う

緊張しているときに、発言などを否定されたり、意見をせかされたりすると、余計に緊張してしまう。

そんな経験をしたことがある人は少なくないはずです。

どうしても受け入れがたい発言などがあった場合は別ですが、特に最初のうちは、相手の言ったことに対しては、「そうですよね」と受け入れ、**共感を示す**。相手が何を発言するか一生懸命に考え、焦っているようであれば、周りの景色を見る、ぼんやりしている（ふうをよそおう）などして、**静かに待つ**。

もしあなたのほうに、精神的・時間的にある程度余裕があるなら、そのような心配りをすると良いでしょう。

また緊張している相手との会話において、**やわらかい表現を使う**ことは大事です。強い言葉を使う人と会話をすると、やはり人は緊張してしまいがちだからです。

とくに、ネガティブな発言をするときほど、やわらかい言葉で表現するといいでしょう。

言葉の選び方に関しては、ＳＴＡＧＥ５で詳しくお話ししますが、たとえば「嫌い」と言いたいときに、「あまり好きじゃない」と言うだけでも、かなり印象が変わります。

これについても、もしあなたのほうにある程度余裕があるなら、実践してみてください。

相手を観察している感じを出さない

もう一つ、気をつけていただきたいのが、**相手を観察している感じを出さない**こと。

みなさんは誰かと話をしているとき、「あ、この人、私を観察しているな」と感じることはありませんか？

そんなとき、リラックスして会話を続けられる人は、そう多くはないはずです。たいていの人は緊張し、息苦しさ、話しづらさを感じるでしょう。

もちろん、人は誰でも会話をしながら、多かれ少なかれ相手を観察しているものです。観察しているからこそ、相手に合わせた的確な受け答えができたりもするので、観察すること自体が悪いわけではありません。

むしろ、的確に人を観察することができれば、世の中を渡っていくうえで大きな武器になるでしょう。

しかし、じっと見つめすぎたり、相手の身だしなみや持ち物、ちょっとした言動などに過敏に反応しすぎたりすると、相手は居心地の悪さを感じてしまいます。

中には、相手にプレッシャーを与えるため、萎縮させるため、「私は人をしっかりと見る、鋭い人間ですよ」というマウントをとるために、わざと観察している感を出しまくる人もいますが、話しやすい人と思われたいのであればそれは絶対にNGです。

心の中ではどれだけ観察していてもかまいません。

ですが、

- 見つめるのはほどほどにする
- 相手の身だしなみや持ち物、言動を見て気づいたこと、引っかかったことがあっても、あまり口に出しすぎない

といったことを心がけ、あなたの鋭い観察眼はうちに秘めておきましょう。

第１章　テクニック編

［STAGE 1］リラックス上手になる

まとめ

自分をリラックスさせるコツ

- **深呼吸する**
- **「緊張してもいい」と自分に許可を出す**

相手をリラックスさせるコツ

- **意識的にゆっくり話す**
- **ゆるふわな雰囲気を出す**

05

話しやすいと思ってもらえる「表情」と「視線」のポイント

話しやすいと思われるための3つのポイント

このステージでは、話しやすいと思われるための表情や視線についてお話しします。

私は25年前から、時折、新宿にあるバーのお手伝いをしているのですが、その際まず大事にしているのが、特に初対面のお客さんに対し、

「私はあなたの敵ではない」

という雰囲気を、全身で表現することです。

バーのマスターの中には、毒舌を売りにしている人がいますし、バーでもカフェでも、愛想のいいマスターより、ぶっきらぼうなマスターのほうが信頼できるというお客さんもいます。

しかし、もともと八方美人気質な私がそのキャラで売るのはハードルが高すぎますし、ただでさえストレスを抱え、傷つくことに臆病になっている人が増えているように思われる昨今、やはり安心して楽しく過ごせることをお店に求めるお客さんのほうが多い気もします。

そのため私は、できるだけお客さんに「話しやすい」「ホッとする」と思っていただけるような接客を心がけています。

では、具体的にはどのようにすれば、初対面のお客さんにも、話しやすいと思ってもらえるのか。

私が日頃、実践しているのは次の3つです。

①ゆっくりと話すこと
②口角を上げること
③相手と適度に目を合わせること

①についてはＳＴＡＧＥ１でお話ししているので、ここでは②と③について、詳しくお伝えしましょう。

口角を上げ、やわらかい表情を作る

まず、②について。

口角を上げる目的は、やわらかい表情を作ることにあります。

表情はその人の印象を大きく左右します。

キリッと引き締まった表情の人も魅力的ですが、やはり**やわらかく穏やかな表情の人のほうが、ほかの人からは話しやすいと思われやすい**はずです。

しかし、常に上機嫌でいられれば、自然とやわらかい表情になるかもしれませんが、人生、そんなときばかりではありません。

また、もともとの顔立ちがキリッとしすぎていて、「怒っていないし、真面目な顔をしているだけなのに『怒ってる？』とよく言われる」という人もいるでしょう。

口角を上げるという技は、**それほど上機嫌でもないときや、キリッとしすぎている顔立ちの人に、特におすすめ**です。

もちろん、ずっと口角を上げ続ける必要はありませんが、初対面の人に会う瞬間、相手が何か楽しそうな話をしているときなど、ポイントポイントで口角を上げ、なんとなく微笑んでいるように見える表情を作りましょう。

「口角だけ上げても、単に目が笑ってない怖い人にならない？」と思った方もいらっしゃるかもしれません。

たしかに目の表情は大事ですが、目の表情をやわらかくするためにも、口角を上げる必要があります。

鏡を見ながら、表情を作ってみてください。
口元はそのままで、目だけを笑わせることができるでしょうか？
おそらく、かなり難しいはずです。
口角を上げたほうが、目も笑わせやすくなるのです。

口角を上げると脳が錯覚する？

また口角を上げると、表情筋の動きを脳が察知し、

「今、自分は笑っている。つまり自分は楽しい気分なのだ」

と錯覚して、心身を安定させ、幸せを感じやすくする働きを持つセロトニンやエンドルフィンなどの脳内物質を分泌するため、本当に楽しい気分になってくるともいわれています。

実際、私はお店が急に混んできて焦ったときや、原稿の締め切りが迫ってきて精神的に余裕がなくなったときなど、意識して口角を上げるようにしているのですが、たしか

に心が落ち着き、「なんとかなる」という気分になる……ような気がします。

脳を錯覚させすぎるのはよくないという説もあるので、乱用はおすすめしませんが、人にいい印象を与えたいときや自分の気持ちを落ち着かせたいときには、ためしに口角を上げてみてください。

目を適度に合わせる練習をする

次に、③について。

みなさんの中に、話している相手と、まったく目を合わさないという人はいませんか？

多くの場合、目を合わさない理由は、相手に興味がない、相手のことが嫌い、相手と話したくないといったネガティブなものではないはずです。

むしろ、照れてしまって目を合わせられない、恐れ多くて目が合わせられないといったケースや、不快な思いをさせてしまいそうで目を合わせられない、緊張して目を合わせられないといったケースがほとんどではないでしょうか。

しかし、残念ながら、あなたの気持ちはなかなか相手に伝わりません。

逆に、私に対して興味がないのかな、私のことが嫌いなのかな、私と話したくないのかな、なんだか壁を感じる、などと思われてしまいがちです。

仮にそこまで思われなかったとしても、**あなたの緊張はどうしても相手に伝わり、話しにくさを感じさせてしまうでしょう**。

そして、相手も緊張したり、あなたに対して距離をとったりするようになり、それを感じとったあなたはますます緊張して会話がぎこちなくなる……という悪循環に陥ってしまうこともあります。

一方で、よく「人の話を聞くときは相手の目を見ましょう」とよく言われますが、ひたすら目を合わせ続けるのも、相手に居心地の悪さを感じさせ、ときには「あれ？ ガンつけられてる？」「自分を観察している？」「自分に好意がある？」と思わせてしまう可能性があります。

話しやすい人になるためには、**適度に相手と目を合わせることが大事**。

人生、何事も慣れです。

好意を持っている人や憧れている人などが相手だと、なかなか難しいかもしれませんが（私も、そういう人が相手だとたんに目を合わせづらくなり、挙動不審になります）、まずはどうでもいい人相手に、たとえば「1秒だけ目を合わせてみよう」「3秒だけ目を合わせてみよう」といった具合に、練習を重ねてみましょう。

なお、相手に興味がない、相手のことが嫌いだといった理由で目を合わさない場合は、その相手から話しやすい人だと思われることを望んでいるわけではないでしょうから、特に言うことはありません。

相手の目ではなく、顔の真ん中をなんとなく眺める

会話をしているとき、特に相手の話を聞いているときに、視線をどうすればいいか悩んでしまう人は、「相手の目ではなく、顔全体に視線を置く」という方法をとってみるのもいいかもしれません。

自分の顔を相手の顔に向け、目や口元といった具体的な場所ではなく、顔の真ん中あたりをなんとなく眺め、たまに数秒程度、ガチで目を合わせる

という感じです。

そのくらいが、相手の話をていねいに聞いている感を出しつつ、お互いに居心地が悪くならない、ちょうどよい加減なのではないかと思います。

「適度に目を合わせるといっても、加減がわからない」「やはり、相手の目を見ることに抵抗がある」という人は、ぜひ試してみてください。

06

「前傾姿勢」と「メモ」で自分と相手をその気にさせる

■ 前傾姿勢をとると、相手の話に興味がわいてくる

打ち合わせや取材など、ビジネスシーンや、ややかための場で相手の話を聞くときのポイントについてもお話ししておきましょう。

まず、私がいつも気をつけているのは姿勢です。

人の話を聞くときは、基本的には**前傾気味の姿勢**をとるようにしています。

それだけで、「この人は自分の話を聞こうとしてくれているんだな」と感じてもらえるからです。

ソファや椅子の背にもたれかかって座ることは、ほとんどありません。

気心の知れた相手と話すときは、そこまで気を張る必要はありませんが、特に取引先や上司など、目上の方と話をする際には、ぜひ前傾姿勢を心がけてください。


前傾姿勢をとることのメリットはほかにもあります。

最初のうちは相手の話にあまり面白味を感じなくても、前傾姿勢で聞いているうちに、**なんだか面白く感じられたり、興味がわいてきたりする**のです。

口角を上げると本当に楽しい気分になってくるのと同様、前傾姿勢をとることで、脳が「今、自分は前のめりになって話を聞いている。つまりこの話は面白いのだ」と錯覚するためなのか、こちらが熱心に話を聞いている（ふう）なのを相手が察知して、話に熱が入るためなのかわかりませんが、みなさんもぜひ試してみてください。

メモをとると、熱心に聞いていると思われる

そしてもう一つ、ビジネスシーンで大事なのが、**話を聞きながらメモをとる**ことです。

私は、自分の記憶力をあまり信頼しておらず、昔からなんでもかんでもメモしたり、手帳に書きこんだりする癖があります。社会人になってからも、打ち合わせや取材ではガンガンメモをとりまくっているのですが、話を聞きながらメモをとることで、

- 内容がより脳に記憶されやすくなる
- 打ち合わせや取材の音声を全部聞き直さなくても、メモを見るだけである程度内容を思い出すことができ、作業時間が短縮できる

といったメリットに加え、

- 相手に「この人は、熱心に自分の話を聞いてくれている」と思ってもらえる率が飛躍的に高まる

のではないかと思っています。

また、メモをとることで、基本的には視線を手帳やノートに向けられるため、「話を聞いているときの視線をどうすればいいか問題」も、無理なくクリアすることができます。

ただ、明らかにどうでもいい話までメモすると、相手に

「いや、そこまでメモしなくていいから」

「この人、大事な話とそうでない話の区別がつかないのかな……」

と思われてしまうおそれがあるので、メモをとる内容も、ある程度は取捨選択するようにしましょう。

第１章　テクニック編

［STAGE 2］見せ方上手になる

まとめ

話しやすい素敵な人は、

❶ **口角が上がり、表情がやわらかい**

❷ **目を適度に合わせてくる**

❸ **前傾姿勢をとってくれる**

❹ **メモをとってくれる**

ので、つい話してしまう！

07　会話中、なぜか「つまらない？」と訊かれてしまう人へ

話しにくいと思われやすい人におすすめのテクニック

世の中には、真剣な顔をしているだけなのに、「機嫌悪い？」「怒っている？」と言われてしまう人や、感情の動きがあまり表情に出ない人がいます。

そういう人は、相手の話を真剣に聞けば聞くほど「え？　この話つまらない？」と言われたり、内心ではいろいろな感情が揺さぶられているのに「え？　この話興味ない？」と言われたりすることが少なくありません。

ちゃんと話を聞いているのに「つまらない？」「興味ない？」と言われることが多い人は、

- 少し大げさに表情を動かしてみる
- 「なるほど、と膝を打つ」「驚いて軽くのけぞる」など、体でリアクションをとったりする

といったことを心がけてみるといいかもしれません。

ただ、慣れないうちは、話を聞きながら「表情を動かさなきゃ」「リアクションをとらなきゃ」と思うと、うわの空になってしまうおそれがあるので、家族や気の置けない友人との会話の中で練習してみましょう。

なお、「つまらない？」「興味ない？」と言われやすい人におすすめなのが、緊張しや

すい人のときと同様、相手にそれを伝えてしまうことです。

会話の最初に、

「よく、『つまらない？』『興味ない？』と言われるんですが、真剣に話を聞いているだけなので、気にしないでください」

と一言言ってしまえば、相手にもわかってもらえますし、かなり気が楽になり、リラックスして会話ができるようになるのではないでしょうか。

会話をしながらのスマホチェックはできるだけ避けよう

ところで、みなさんの中に、相手が話しているときに携帯やスマホを見てしまうという人はいませんか？

恥ずかしながら、私は15年ほど前に「人が話しているときに携帯見すぎ」と友人に叱られたことがあります。私自身はちゃんと話を聞いているつもりでしたが、無意識のう

ちに携帯をチラチラとチェックしていたようです。

ちなみに友人とは、その時点ですでに10年ほどのつきあいがあり、お互いにダメなところも許し合ってきたので、「この人、こういうところを気にするんだ……」という新鮮な驚きがありました。

しかし、意外な人に意外なところで叱られたおかげで、その出来事が強く印象に残り、以後、人と話すときには極力携帯やスマホを見ない（見るときに「ちょっとスマホ見るね」と一言断りを入れるか、相手がトイレに行ったときなどにこっそりチェックする）ように気をつけています。

もちろん、世の中には、会話中に相手がスマホを見ていても、まったく気にしない人もいるでしょう。

でも、特に相手が会話中にあまりスマホを見ない人であれば、こちら側も極力見ないようにしたほうがいいかもしれません。

08

「あいづちのバリエーション」を増やす

適度にあいづちを打ち、質問を挟み、意見を言う

ここでは、話しやすい人と思われるためのレスポンスの仕方についてお話しします。人と話をするとき、私が常に気をつけているのが、できるだけ的確なレスポンスをすることです。

相手の話を聞いて、こちらがどんな反応をするか。

それによって、話しやすいと思ってもらえるかどうか、信頼されるかどうか、相手から必要十分な話を聞くことができるかどうか、といったことが決まると言っても過言ではないでしょう。

話しやすい人になるためのレスポンスの基本は、**適度なあいづちを打ち、適度に質問を挟み、適度に自分の意見を言う**ことです。

あいづちをまったく打たないと、話し手に「この人、私の話を聞いているのかな」と思われてしまいますし、あいづちを打つだけで自分の意見を何も言わないと、「この人、私の話に興味がないのかな」「他人事だと思っているよね」と思われてしまいます。

短いあいづちで、会話にテンポをつくる

あいづちは、ただ打てばいいというものでもありません。

やたらと「はい……はい……」などと言われるのは、話し手にとっては邪魔でしかありませんし、「この人、本当にわかっているのかな」「本当に聞いているのかな」といった気持ちにもさせてしまいます。

「無言で大きくうなずく」をメインに据え、ときどき喉の奥あたりで「ふん」という音を出したり、「はい」「ええ」などと声に出してあいづちを打ったりするくらいがちょう

どよいのではないかと、個人的には思います。

また、あいづちのバリエーションは、「はい」「ええ」「そうですね」「面白いですね」「そう思います」などいくつか用意しておくといいでしょう。

なお、「なるほど」「たしかに」などを目上の人に使うのは失礼にあたるので「おっしゃる通りです」「私もそう思います」と言い換えたほうがいい、といった説をよく見聞きします。

しかし、「おっしゃる通りです」「私もそう思います」といった長いあいづちはかえって話の流れをさまたげることになりかねませんし、そこまで気にする人はそれほどいないのではないか、とも思います。

実際、私も「なるほど」「たしかに」を使ってしまうことがしばしばありますが、今のところ叱られたことはありません。

ですから、あまりナーバスになりすぎず、万が一「なるほど」「たしかに」を使って注意されたとき、相手が不快そうな顔をしたときには、以後、その人に対しては使わないようにする……程度で良いのではないかと思います。

09

相手の話を「否定しない」

どうしても相手の話を否定したいときは一言挟む

相手が話したことに対し、つい「それはどうだろう」「違うんじゃないかなあ」「いや、自分はこう思う」と反対意見を言ったり、求められてもいない自論を展開したりするのも、「この人とは話しにくい」と思われる原因となります。

相手の話をまず否定してしまう人の中には、天邪鬼《あまのじゃく》気質で、何がなんでも相手が言ったことと反対のことを口にしないではいられない人もいれば、相手がどう思おうと、自分が思ったことを言わずにはいられない人もいるでしょう。

いずれにせよ、話しやすい人になるためには、相手の話を聞いたあと口を開く前に、

「今から言おうとしていることは、相手をどんな気持ちにさせるか」

を想像し考える必要があります。

ポジティブな内容でもネガティブな内容でも、**相手の話を頭から否定すると、相手の話したいという気持ちを一瞬にしてそいでしまいます**。

たとえば、何か目立った特徴や特技があるわけでもなく、会社員として真面目に働いてきた人が、突然、「ＹｏｕＴｕｂｅｒになりたいんだよねえ」と言ったとします。

あなたはどのようなリアクションを返しますか？

「えー！　やめときなよ」「そんな簡単なもんじゃないよ」「いい歳して、なにバカなこと言ってんの？」と答えるでしょうか？

「いいじゃん。やりたいと思ったことはどんどんやりなよ」と答えるでしょうか？

私なら、絶対に後者です。

私は基本的に、ポジティブな発言に対しては、ポジティブなレスポンスをすることを心がけています。

誰かが「何か新しいことを始めたい」と言うときは、実現可能性が高かろうと低かろうと、やりたいこと、未来への希望があふれていて、ワクワクが止まらない状態です。だから人に話したくて仕方がないのです。

そんなときに、現実的で冷静な意見など聞きたくありません。

本当に現実的で冷静な意見がほしいなら、「ＹｏｕＴｕｂｅｒになりたいんだけど、どんなコンテンツならバズると思う？」「どのくらいの再生回数いけば採算採れるか知ってる？」など、具体的にアドバイスを求めてくるはずです。

求められてもいないのに現実的で冷静なレスポンスをするのは、無神経な人か、天邪鬼な人か、他人が嬉しそうにしているのが許せない人か、自分は冷静で賢い人間だと確認したい人か、あるいは本気で相手の将来を心配している人か、いずれかだと私は思います。

本気で相手の将来を心配してあげることはとても素晴らしいのですが、人生なんて何が起こるかわかりませんし、人には意外な才能が眠っていたりするものです。

予知能力者でも全知全能の神でもないのに、「やめたほうがいい」などと言うのは、もしかしたらおこがましいことかもしれません。

どうしても相手の言葉を否定したいときは、せめて最初に**「そうだね」「たしかにそれも一理あるよね」などの一言を入れる**ようにしましょう。

それだけで、かなり印象は変わるはずです。

ポジティブな意見も慎重に

一方で、相手がネガティブな発言をしたときはどうでしょう。

たとえば、相手が「うちのパートナー（彼氏や彼女）、わがままで最悪なんだよ」と言ったとします。

あなたはどのようなリアクションを返しますか？

「いやいや、いい人じゃん」と答えるでしょうか？

それとも「ほんと、そうだよね」「別れちゃいなよ」と答えるでしょうか？

私なら、どちらも言いません。

相手が単に愚痴《ぐち》りたいだけなのか、別れに向けて気持ちを固めたいのか、実はのろけたいのか、真意がわからないし、相手の恋愛事情に責任を持つことはできないからです。

相手が何か言ったら必ず何か意味のある返事をしなければいけないなどという法律はないのですから、よほど明確なレスポンスを求められない限り、そういうときは余計なことは言わず、ただ**相手の言葉に耳を傾ける**だけにとどめておきましょう。

それが話しやすい人と思われるコツです。

特に、ネガティブな発言に対し、あまりにも**ポジティブなレスポンスをしすぎるのも考えもの**です。

「この間、仕事でこんな失敗をして……」「こんなうるさい上司がいて……」「恋人にこんなダメなところがあって……」といったように、愚痴や悩みなどをこぼしたくなるときは、ほとんどの人にあるはずです。

しかしそんなとき、「また次に生かせばいいよ」「えー、でもちゃんと注意してくれるなんていい上司じゃん」「恋人いるだけ幸せじゃん」などと、最初から最後までひたすらポジティブな言葉を返されたらどうでしょう。

「前向きな気持ちになった！　この人に話してよかった」と思うでしょうか？

イライラして、「この人にはもう、愚痴や悩みは言わないようにしよう」と思うでしょうか？

私は後者です。そして、おそらく多くの人がそうなのではないかと思います。

人が愚痴や悩みをこぼすのは、基本的には相手に共感や同情を求めているときです。事情もよく知らず、性格も異なる人に中途半端なアドバイスをされるより、ただ聞いてほしいだけ、ということもしばしばあります。

もちろん、アドバイスを求められたときや、相手から励ましてほしいという要望があったときは、話をていねいに聞いたうえで、一言二言、ポジティブな言葉を返すといいでしょう。

その際も、自分が言いたいことを言うのではなく、**もし自分ならどんな言葉をかけてほしいかを考える**と、（もちろん人それぞれ性格が違うので、必ずしも同じ言葉を相手が欲しているとは限りませんが）正解率は高まるのではないかと思います。

なお、よく「でも」「だって」は禁句、と言いますが、「でも」「だって」の後に相手の望む言葉を言うのであれば、別にかまいません。

たとえば、相手が
「自分には才能がないから……」

と言ったとします。

こういう場合、相手は否定してほしいと思っている可能性が非常に高いので、

「いや、でも、あなたはあんなすごいことをやったじゃない」

といった具合に、きちんと反論してあげましょう。

10

意見を言うときは「断定しない」

■ アドバイスをするのは、相手から求められたときだけ

次に、アドバイスを求められたときに、気をつけるべきことを考えてみましょう。
アドバイスに関して、ぜひ心にとめておいていただきたいのが、

- ● 望まれてもいないのにアドバイスをしない
- ● 上から目線でアドバイスをしない

ということです。

ほとんどの人は、良かれと思ってアドバイスをしているつもりであり、自分が上から目線でアドバイスをしているという意識はまったくないでしょう。

しかし、何か問題や悩みを抱えて困っている最中の人にとって、他者からの言葉は「今、そうした悩みを抱えていない、お気楽で恵まれた人たちからの**無責任で偉そうな言葉**」に聞こえてしまいやすいのです。

ですから、相手がどんなに悩み苦しんでいても、「どうしたらいいと思う？」などと訊かれないかぎり、まずは**話を聞くことに徹する**こと。

そして、アドバイスを求められたときには、「今、自分が言おうとしていることは、相手はとっくに知っている」「今、自分が言おうとしていることは、誰にとってもあてはまる正解ではない」ということを頭の片隅に留めておくだけで、言葉の選び方や伝え方が、少し変わってくるかもしれません。

たとえば、単に「～すればいいじゃん」と言うのではなく、「とっくに知っているか

もしれないけど」「とっくに試したかもしれないけど」といった前置きを入れたり、「私だったら〜するかもしれない」「正解はわからないけど、私は〜するといい気がする」といった言い方をすれば、相手が受ける印象はかなり違うはずです。

ただ、ごくたまに、アドバイスを求めながらも、何か言われるとすぐ拒絶・否定するわがままな人や、どんなに言葉を選んでアドバイスをしても「上から目線」としかとらえられない、**被害者意識の強い人**がいます。

それは、相手が悪かった、相性が悪かったと思って忘れましょう。

物事を決めつけないほうが、話しやすいと思われやすい

なお、相手から意見を求められたとき、私が気をつけているのが、**できるだけ物事を決めつけないこと**です。

たまに、話し方について書かれた文章などに、「物事ははっきり言ったほうがいい」「『私は〜だと思う』『〜の可能性が高い』『〜のほうがいいのでは？』といったあいまい

な表現は使わないほうがいい」と書かれているのを目にすることがあります。

たしかに、断定的な物言いをしたほうが、話した内容が聞き手に伝わりやすく、印象に残りやすく、「この人は頼りになる」と思われやすいでしょう。

特に、スピーチやプレゼンをするとき、なんらかの商品やサービスを売らなければいけないとき、経営者やカリスマを目指す人などは、断定的な物言いをしたほうが効果的です。

逆に、あいまいな物言いをすると「何が言いたいの？」と思われやすく、責任を回避している、逃げ道を作っている、自信がない、と判断されがちでしょう。

しかし、私は、特に人から悩みを相談されたとき、意見を求められたときなどに、「絶対に〜したほうがいい」「絶対に〜だ」と言うことはめったにありません。

「どちらかといえば、こうしたほうがいいと思う」「いろいろな意見があるけれど、私はこう思う」といった言い方をするようにしています。

クイズや試験問題ならともかく、人々の抱える悩みや世の中の問題に、１００％完璧な解決策など、そうはありません。たとえその時点では「いい」とされていても、数年

後にはまったく評価が変わってしまうということもしばしばあります。また、人それぞれ性格も価値観も立場も違いますし、同じ出来事を見ても、感じ方、とらえ方は人によって異なります。

予知能力や透視能力、テレパシーなどを持ち合わせているなら話は別ですが、私が知りえることなどたかが知れています。そう思うと、とても断言はできないのです。

そして、おそらく多くの人は、**物事を決めつける人より、そうでない人を話しやすいと感じる**のではないかと思います。

たとえば、今の仕事や職場、あるいはパートナーが自分に合わない……と悩みながら、

「転職したところで、次の仕事が自分に合っているかどうかわからない」
「会社を辞めて、食べていけるかどうか不安」
「この人と別れたら、もう新たな恋ができないのではないだろうか」
「この人にも、いいところはあるし」

といった迷いを抱いているとき、相談した相手から

「絶対に会社を辞めたほうがいい」「絶対に辞めないほうがいい」
「絶対に別れたほうがいい」「絶対に別れないほうがいい」

などと言われたらどうでしょう。
たまたま自分の選択と同じであれば元気づけられ、背中を押されるかもしれませんが、たいていは、「どうしてそう言いきれるのか」と反発したくなるのではないでしょうか。断定的な物言いをする人に対し、上から目線で偉そうと感じることもあるでしょう。

逆に、「**いろいろな可能性や選択肢、考え方がある**」という前提で話を聞き、考え、その人なりの意見を言ってくれる人には、なんでも受け入れてくれそうという印象を抱きやすいのではないかと思います。

なお、正解のない事柄に関して、迷うことなく「絶対に〜だ」「絶対に〜したほうがいい」と言いきってしまえる人は、実際には「絶対」ではないことをわかったうえで相手をそちらの方向に誘導しようとしている可能性もあるので注意しましょう。

11 「5W1H質問法」で、会話を深め、広げる

質問の仕方一つで、会話の密度が大きく変わる

次に、質問の挟み方についてお話しします。

これは、話しやすい人になるための、重要なポイントだといえるかもしれません。

私個人の経験からすると、こちらの質問の仕方一つで、相手は「この人は自分の話に興味を持ってくれている」と思ってくれるようになり、**相手の会話への力の入れ方も会話の密度も情報の取れ高も大きく変わります。**

私が質問の技術を身につけたのは、ライターの仕事を始めてからです。

取材相手の中には、口数が多い人もいれば少ない人もいます。

口数が少ない人の場合、こちらが用意していった質問に対して、一言二言しか答えが返ってこないこともしばしばあり、それだけではとても原稿にはなりません。

そうなると、あの手この手で話を引き出し、内容を膨らませる必要があります。

質問をするための基本は、**相手の話を集中してきちんと聞くこと**です。

最初から過不足なく完璧に話せる人はほとんどいないので、必ず疑問に思うことが一つや二つは出てきます。

「いや、自分は人の話を聞いていて、疑問を持ったことはあまりない」という人は、相手の話に対し、常に５Ｗ１Ｈを投げかけるようにしましょう。

ご存じの方も多いと思いますが、５Ｗ１Ｈとは、

When	いつ
Where	どこで
Who	誰が
What	何を
Why	なぜ
How	どのように

といった英単語の頭文字を取ったものです。

たとえば、ある人が「前に、大きな魚を釣ったことがある」と話していたとします。

その場合、Ｗｈｏが話し手自身だということだけはわかっていますが、それ以外の４Ｗ１Ｈについて、話を聞きながら、あるいは話をひと通り聞いたあとで質問します。

５Ｗ１Ｈはこう使う

まず、Ｗｈｅｎ。

「前」とは、いったいいつなのかを明らかにしていきましょう。子どもの頃なのか、学生時代なのか、社会人になってからなのか、比較的最近のことなのか。

話の中に具体的な時期が出てこなかった場合は、ぜひ「その魚を釣ったのは、何年くらい前ですか？」と聞いてみましょう。

その質問への答え自体は「子どもの頃」というシンプルなものかもしれませんが、そうなると今度は「子どもの頃から釣りが趣味なのか」「今もよく釣りに行くのか」といった疑問がうまれます。

そこで質問を重ねると、もしかしたら、「子どもの頃から釣りが趣味で、週末ごとに海や川に出かけていたけれど、最近はあまり行っていない」といった話が出てくるかもしれませんし、さらに「釣りが好きになったきっかけは何か」「大人になってから釣りをやめた理由は何か」といった疑問もうまれるでしょう。

同様に、大きな魚を釣ったのが海なのか、川なのか、どの地域なのか（Ｗｈｅｒｅ）、その魚の大きさや名前、形状（Ｗｈａｔ）、なぜ釣りに行ったのか（Ｗｈｙ）、どうやっ

てその釣り場所へ行ったのか、どのような釣り竿や餌を使ったのか（Ｈｏｗ）など、尋ねるべきことは無限に出てきます。

もっとも、話せる時間が限られているときに細かい質問をしすぎると、相手をイライラさせたり、話が脇道にそれ、大事な情報を取り逃したりするかもしれません。

ですから、常に本当に訊くべきことは何かを判断する必要があります。

ただ、**質問という小石をちょっと投げこむ**だけで、思いがけない話を聞けることはよくありますし、会話の中に適切な質問を挟むことで、相手はあなたを話しやすい人だと感じるでしょう。

第 1 章　テクニック編

［STAGE 3］レスポンス上手になる

まとめ

話しやすい素敵な人は、

❶ **「あいづち」をおろそかにし**、、、

❷ **相手の話を否定し**、、、

❸ **「意見」を言うときは断定し**、、、

❹ **「質問」を怠ら**、、、

、、、ないから、レスポンス上手！

12

「聞き上手」になることが話しやすい人になるカギ

■人は基本的には、「自分の話を聞いてほしい」生き物

多くの人から話しやすいと思われるうえで不可欠な要素。それは、**聞き上手になること**です。

個人差はあると思いますが、人には基本的に、**自分の話を聞いてほしいという欲求がある**といわれています。

特に、「恋人ができた」「試験に合格した」「欲しかったものを手に入れた」など、嬉しい出来事があった人は、誰でもいいから報告してまわりたい気持ちになるでしょうし、なんらかの悩みを抱えている人も、誰かに相談したいと思うでしょう。

さらに、世の中には、日常生活のささいなことを常に他者と共有したいというシェア欲求が強い人、とにかく自分のことを知り認めてほしいという承認欲求が強い人もいます。

ですから、相手の話をきちんと聞くことができる人は、多くの人から話しやすい人と思われ、愛されるはずです。

沈黙は金、雄弁は銀

聞き上手になるためにまず大事なのが、**しゃべりすぎないこと**です。

みなさんは「沈黙は金、雄弁は銀」という言葉をご存じでしょうか？

これは、沈黙には優れた弁舌以上に価値があるという意味のことわざです。

もちろん、発言を求められたとき、きちんと意見や要望を表明しないと、相手に自分の権利を侵害されてしまうようなときなどは、沈黙より雄弁のほうが価値があるでしょう。

しかし、他者との会話においてはやはり沈黙に価値があると私は思います。途中で余計な口を挟まれるより、相手が静かに聞いてくれたほうが、話し手にとって話しやすいのは、言うまでもありません。

聞き手側も、沈黙を貫くことで、「あの話もしたい、この話もしたい」「何か言わなきゃ」といった気持ちから解放され、相手の話に集中することができ、理解度が高まります。

また、人と話しているとき、必要以上に口を開かない人は、**他人に安心感を与えます**し、そのような人が発するちょっとした一言は、それが実はさほど大した内容ではなくても、何か「熟慮の末の一言」といった説得力を感じさせます。

逆に、よく話す人は、頭の回転が速い人、知識が多い人、面白い人という印象を与え

ることもありますが――、それはあくまでも、本当に頭の回転が速く、知識が多く、話術が巧みな場合に限ります。

そうでない場合は、相手の話の腰を折るだけ、物事を深く考えていないことを露呈するだけ、面白くない話を延々と聞かせるだけ……になってしまうこともしばしばあります。

中には、自分自身もしゃべりつつ、相手の話を引き出し、膨らませるのがうまい人もいますが、そういう人は話し上手であると同時に聞き上手です。

頭の回転が速く、相手の話を瞬時に理解し、深掘りできる点や新たな情報を追加して、面白くわかりやすく提示する、といったフローを脳内で一瞬で行うことができる、特殊技能の持ち主だといえるかもしれません。

大切なことはバーが教えてくれた

かくいう私は昔、沈黙の価値があまりわかっていませんでした。

もともと、人の話を聞くのも好きなほうではありましたが、子どもの頃は、親からた

びたび注意されるくらいおしゃべりでしたし、どちらかというと、頭の回転が速く、弁舌さわやかで目立つ人を優れた人、寡黙《かもく》な人を地味な人ととらえていました。

加えて20代前半までは、会議でも打ち合わせでも日常会話でも、「何かしら発言しておかないと、自分がここにいる意味がなくなる」という思いにかられ、わざわざ言わなくてもいいことを言って会議の時間を無駄に延ばしてしまったり、非常に浅い発言をし、自分の愚かさをさらけだしてしまったりしたこともしばしばありました。

そんな私が、沈黙の大切さに気づくきっかけになったのは、20代半ばから、週末だけ、バーでアルバイトをするようになったことでした。

ちなみに、当時働いていた会社は副業禁止だったはずですが、ある日なぜか突然、バーでアルバイトをしようと思い立った私は、行きつけのお店に働かせてほしいと頼みこんだのです。

それまで、客として飲みに行ったことは何度もありましたが、バーカウンターの内と外では、見える景色が違いました。

カウンターの内側にいるときに求められるのは、お客さんが聞きたい話をするか、お

客さんの話を聞くかのどちらかであり、お客さんが聞きたい話ができているか、お客さんの話を聞くことができているかは、お客さんの態度にすぐに表れます。

大げさな言い方になりますが、会社の看板を背負ってクライアントと打ち合わせをするときとは少し異なり、バーでは、「**一人の生身の人間として、目の前にいるお客さんにどう向き合うか**」が試されている。そんな感覚がありました。

最初のうちは「面白いことを言わなければ」という気持ちもあったものの、何時間も、誰に対しても面白い話を提供できるほどの話術もスタミナも、私にはありません。
そこで自然と「基本的には、お客さんから話を引き出し、聞く」という営業スタイルに落ち着いていきました。

ただ、失敗したなと思ったことも何度かあります。
お客さんが一生懸命話しているときに、つい口を挟みたくなって、話の腰を折ってしまい、お客さんががっかりしたような表情になったこともありましたし、お客さんが好きな映画の話をしているときに、ついその映画に対して批判めいたことを

言ってしまい、明らかに空気が悪くなってしまったこともありました。

人が話しているときに余計な口を挟まない

また、自分自身はあまり話さず、カウンターの中でお客さん同士の会話を見聞きしていて学ぶこともたくさんありました。

- 話したいという衝動を抑えきれなくて、あるいは「自分は賢く、いろいろなことを知っている」とアピールしたくて、相手が一生懸命話しているときに、会話を先回りしたり、自分の知識を披露したり、自分の話に持っていってしまったりする人
- 正直すぎて、あるいは「毒舌で鋭いことを言う自分」になりたくて、相手が楽しい話をしているときに、水を差すようなことを言ってしまう人
- 何かうまいこと言わなきゃ、面白いことを話さなきゃと焦って、か

●

えって頓珍漢《とんちんかん》なことを言ってしまう人
逆に、人の話を静かに聞いて、好感を持たれる人

そうした人たちを、カウンターの中から観察し続けた経験から、私は「相手に気持ちよく話してもらうため、とにかく、人が話しているときに、**余計な口を挟まないこと**」を以前よりも心がけるようになりました。

同時に、余計なことを言ってしまうときは、**自分をアピールしたい**、**自分を高く評価してほしいという気持ちが根底にある**ことが多く、それはたいてい逆効果になる（何も言わないほうが、むしろ相手からの評価は高くなる）ということも学んでいきました。

そして、バーで学んださまざまなことは、その後の会社での仕事やライターとしての仕事でも、かなり役に立ったのです。

13

相手の話を「さえぎらない」

話を「さえぎらない」ことは簡単ではない

私が人と話をするときにいつも心がけているのが、「今これを話したい」「話の主導権を握りたい」といった気持ちを抑え、**相手の話を途中でさえぎらないこと**です。

取材でも、ライブやイベントで司会をしているときでも、バーで接客をしているときでも、プライベートで人と話をしているときでも、基本的には、相手がひと通り話し終えるのを待ってから質問をしたり、自分の感想や考えを述べたりするようにしていますし、もし発言のタイミングが誰かとぶつかったら、相手に譲るようにしています。

ただ、相手の話を最後まで聞く、自分が発言するよりも相手の話を聞くことを優先するというのは、意外と難しいものです。

なぜなら、人はどうしても「今、これを言いたい」という衝動や「今、話しておかないと忘れてしまう」という不安、「早く話を進めたい」「早く結末が知りたい」という性急さ、「発言することで自分の存在をアピールしたい」「（誰かと議論をしているときに）相手の言い分を封じこめて、自分の正しさを主張したい」という欲求などに翻弄され、他人の話をさえぎってしまいがちだからです。

私自身、昔は自分が話したいことを話したいときに話したいという欲求が強く、人が発言しているときに口を挟み、話の腰を折ってしまったことがしばしばありました。

そうした欲求をある程度コントロールできるようになったのは、一つには、さまざまな仕事を通して、人の話を聞く大切さを学び、自分が発言するよりも、**人の考えを聞くほうが重要だし勉強になるし楽しい**という価値観にシフトしていったためです。

しかしそれ以上に大きかったのが、年齢と経験を重ねるうちに、

人の話をさえぎって話しても、いいことはまったくない
大して自己アピールにならないどころか、むしろマイナスになる

と、身にしみてわかったことです。

人の話をさえぎって発言するのは、百害あって一利なし

誰かの話をさえぎって発言するとき、人はどうしても自分が言いたいことにフォーカスをあててしまうので、**相手の話をちゃんと聞いていません**。

わかったつもりになっているけれど、本当はわかっていないことが多く、そのような状態で発する言葉は、話の流れから外れていたり、的外れであったりするため、「単に話の腰を折っただけ」になってしまいやすいのです。

しかも、話をさえぎられた人は、さえぎった人に対しネガティブな気持ちを抱きます。

そのような状態で、相手が自分の話を好意的に聞いてくれるはずがなく、たとえどんなにいいことを言ったとしても、なかなか素直に受け取ってはもらえないでしょう。

人の話をさえぎって発言するのは、**百害あって一利なし**です。

「今、話しておかないと忘れてしまう」と不安なときは、メモをとればよいし、言うタイミングを逃してしまった言葉やメモできずに忘れてしまった言葉は、結局その場では必要のなかった言葉だと思ってあきらめるしかないのです。

ただ、時間がないときや、相手の話があまりにも長くて要領を得ないときなど、さえぎらなければどうにもならないこともあります。

そんなときは「さえぎってごめんなさい」と一言添えてから、口を挟みましょう。

14

聞き上手になるのをさまたげる要因

あなたが聞き上手になるのをさまたげる3つの要因

自分の話を聞いてほしい、自分のことを知ってほしいという気持ちを脇に置き、人の話をさえぎらないこと、**しゃべりすぎないことを自分に課す**ことは、沈黙の価値を知り、聞き上手になり、話しやすい人になるうえで、非常にいい訓練になります。

ただ、それを実践するのはなかなか難しいものです。話をさえぎったり、しゃべりすぎたりする原因としては主に、

①**単に辛抱が足りない**（せっかちで人が話し終えるのを待てない、思ったことをそのまま口にしてしまう、など）

②**自分をアピールしたい**（優秀な人間だと思われたい、面白い人間だと思われたい、など）

③**焦り**（うまく話さなきゃ、面白いことを言わなきゃ、など）

の3つが挙げられます。それぞれについて克服法を考えてみましょう。

①単に辛抱が足りない

①に関しては、慣れるしかありません。

せっかちな人は、人が話し終えるまであいづち以外は口を開かない、と決めてしまいましょう。

思ったことをそのまま口にしてしまうという人は、人の発言に対して何か言いたく

なったら、それを口にして相手が喜ぶかどうかを考えるようにしましょう。それだけで、かなり改善されるはずです。

いきなり24時間気を張るのは難しいでしょうから、まずは「一日1時間だけ実践する」と決め、徐々に時間を増やしていくのもいいでしょう。

②自分をアピールしたい

②に関しては、自己肯定感の有無や承認欲求にも関係し、本人に自覚がないことも多いため、簡単には解決できないのですが、

本当に賢い人は、余計なことを言わない

本当に人を見る目がある人は、相手が話せば話すほど、その人の本質、その人が知られたくないこと、その人が隠そうとしていることを見抜いてしまう

ということを頭の中に入れておくことで、もしかしたら多少なりとも、自分をアピールしたいという気持ちが抑えられるかもしれません（私の場合は、これでだいぶ承認欲求の暴走を止められるようになった気がします）。

③焦り

最後に③に関してですが、焦りの根底には、たいてい、**自分が話し上手じゃないことに対するコンプレックス**があります。

しかし、決して悩まないでください。

自分は話し上手じゃないという意識があると、話を振られたらどうしようといった不安にかられ、会話に集中できなくなりがちです。

そのような人は、うまく話せるだろうかといった焦りを捨て、別にうまく話せなくてもいい、私は聞き手にまわろう、人の話を聞くのを極めよう、と開き直ってみましょう。

うまく話さなきゃというプレッシャーがなくなれば、おそらく今までよりも落ち着いて人の話を聞くことができるようになるはずです。

そして、落ち着いて人の話を聞いているうちに、「この人の話は簡潔でわかりやすいな」「この人の話には無駄が多いな」といったことが、感覚でわかってくるはずです。**聞き上手な人になることは話し上手になる早道**でもあるのです。

なお、このような話をすると、「なに、当たり前のこと言ってるの？」「私は人の話を聞くのが好きだから大丈夫」と思われる方もいらっしゃるかもしれません。

しかし、厳しいことを言うようですが、何事においても、私は大丈夫、私はできていると思いこんでしまうのは危険です。

実際、「私は人の話を聞くのが好きです」と言いながら、全然人の話を聞いていなかったり、人が話している途中で自分が話し始めたり……という人は少なくありません。

ですから、自分は聞き上手、人の話を聞くのが好きだと思っている人も、一応、周りの信頼できる人数人に、ちゃんと人の話を聞くことができているかどうかを確認してみるといいかもしれません。

そこで、仮に耳に痛いこと、自分が望んでいたのとは違う答えが返ってきても、真摯に受け止めるようにしましょう。

15 「反復」して「沈黙」する

反復と沈黙を重ね、相手の話をていねいに聞くことの大切さ

私はこれまで、ライター・エディターとして、さまざまな本に関わってきました。

その中でも、『もしあと1年で人生が終わるとしたら？』『あなたの強さは、あなたの弱さから生まれる』（いずれもアスコム刊）といった、ホスピス医の小澤竹俊《おざわたけとし》先生のご著書は、多くの読者の方からご好評をいただいています。

25年以上、人生の最終段階の医療に携わり、３５００人を超える患者さんを看取ってこられた小澤先生のお話には、勉強になること、考えさせられることがとてもたくさん

あったのですが、特に印象に残っていることの一つが、話の聞き方です。

病気などにより、この世を去るときが迫っている患者さんの多くは、大変な苦しみを抱えていますが、誰にでも自分の本当の気持ちを打ち明けるわけではありません。

誰かに自分の苦しみを伝えても、相手の反応から「この人にはわかってもらえない」と感じると、失望したり、孤独感にさいなまれたり、苦しみが増したりしてしまうからです。

だからこそ、自分の気持ちをわかってくれていると思える誰かを見つけたときは喜びを感じ、そうした人にだけ自分の本当の気持ちを話します。自分の気持ちをわかってくれていると思える誰かの存在は、苦しみをやわらげ、苦しんでいる人にとって大きな支えになります。

そして、小澤先生が、そんな患者さんたちに「この人は、自分の気持ちをわかってくれている」と感じてもらえるために心がけているのが、患者さんの話をていねいに聞き、患者さんの伝えたいメッセージをきちんと受け取ることだそうです。

たとえば、患者さんが「昨日の夜、あまり眠れませんでした」と言ったときに、

「昼間、寝ていたからですよ」
「少しくらい眠れなくても大丈夫ですよ」
「睡眠導入剤を出しましょうか？」

などと言うのはNG。

これらは、単なる気持ちの押しつけにすぎないため、患者さんは「この人は、自分の気持ちをわかってくれない」と感じ、本当の気持ちを話してくれることはありません。

ではどうすればいいかというと、まず大事なのは、

「昨日の夜、眠れなかったんですね」

といった具合に、**患者さんの言葉のうち重要なキーワードを反復する**ことだそうです。

反復とは、相手の伝えたいメッセージをキャッチし、言語化し、相手に返すことだと

小澤先生はおっしゃっています。

また、人は**大切なことほど簡単に言葉にすることができず、考えをまとめる時間が必要**なこともあります。

患者さんが再び口を開くまで時間がかかったとしても、先生はイライラしたりせずに沈黙し、次に患者さんが「少しは眠ることができても、すぐに目が覚めてしまうんです」と言ったら、今度は「すぐに目が覚めてしまうんですね」と反復するそうです。

このように、反復と沈黙を重ねていくうちに、患者さんは「この人は私の話をていねいに聞いてくれる」「この人は私の苦しみをわかってくれる」といった安心感や満足感を抱き、「このまま自分が死んでしまうのではないかと不安で眠れません」「家にいる家族のことが心配で眠れません」など、**本当の気持ちを話してくれるようになる**そうです。

反復と沈黙を実践するのは難しい

小澤先生ご自身も「反復と沈黙を重ね、人の話をていねいに聞くのは難しい」とおっしゃっていますが、反復と沈黙を実践するのは、そう簡単なことではありません。

相手の言葉の中から、伝えたいメッセージをキャッチし反復するには、集中力と理解力が必要ですし、沈黙するためには「沈黙に耐えられない」「何かを話したい」という自分の感情をコントロールしなければなりません。

ただ、みなさんも、身のまわりの人からなんらかの悩みや苦しみを打ち明けられたとき、自分の気持ちをうまく伝えられない人と会話をするとき、相手の頭の中で考えがきちんと整理されていないと感じたときなどは、ぜひ反復と沈黙を意識してみてください。

最初はうまくできなくても、意識していれば、やがて慣れていくはずです。

ちなみに、小澤先生の本を読んだ友人から、次のような話を聞いたことがあります。

彼はギャラリーで働いており、仕事柄、画家の方や写真家の方とやりとりをすることが多いのですが、中には非常に内気で口数の少ない方もいて、電話での打ち合わせの最中に、何分も沈黙が続いてしまうことがあったそうです。

最初は友人も戸惑ったり、何か気に障るようなことを言ってしまったのではないかと

不安になったりしました。

しかし、小澤先生の本の内容を思い出して、先方が再び口を開くまでずっと沈黙を貫き、先方が何か言葉を発したときには、その中のキーワードを反復しました。

その結果、先方の口数が増え、沈黙の時間や回数も短く、少なくなり、徐々に心を許しはじめたのが、明らかにわかったそうです。

さらに、先方の頭の中でもやもやとしていたアイデアや思考が、友人の反復によって整理されたため、決めるべきことがクリアになり、無事展示を終えることができたとのことです。


このように、反復と沈黙を意識しながら、相手の話にていねいに耳を傾けることで、話しやすい人と思われる可能性が高まるでしょう。

それだけでなく、相手の気持ちが救われたり、相手にとってあなたが大事な存在になったり、混沌としていた相手の頭の中が徐々に整理され、相手が本当の気持ちに気づいたり、新しいアイデアがうまれたりすることもあるかもしれません。

16

「フラット」に話を聞く

フラットな状態で耳を傾ける

私が取材をするときや司会をするときに、ほかに心がけているのが、自分の自我のようなものをできるだけ抑え、**フラットな状態で相手の話に耳を傾ける**ことです。

ライターにもいろいろなタイプの人がいます。

あらかじめ自分でストーリーを描き、それに沿った発言を引き出すべく相手を誘導する人、相手の話の中からキーワードや引っかかるものを見つけ、それをもとにストーリーを組み立てていく人もいます。

もしかしたら、こうしたやり方のほうがクリエイティビティが高かったり、ライターのオリジナリティが出しやすかったりするかもしれません。

ですが、私は、最初から「こういう記事の内容にしよう」と決めたり「この人はこういう考えを持っているはずだ」といった先入観を持ったりせず（取材相手の考え方を情報として知ってはおきますが、話を聞いているときには、そこに縛られすぎないという感じです）、フラットな状態で話を聞くようにしています。

結論ありきで話を聞いたり、先入観を持っていたりすると、相手が話している内容、話そうとしていることを、なかなかそのまま素直に受け取ることができません。

それでは、せっかく取材に応じてくださっている相手に対して不誠実ではないかと、私は思うのです。

そして、自分が考えた道筋に相手を誘導しようとする人、先入観を持って話を聞いている人は、あまり話しやすい人と思われることはないのではないかという気がします。「自分の話を、この人はちゃんと聞いていないな」「自分が話した内容を勝手に解釈しているな」と相手に感じさせてしまうからです。

腕がある人であれば、相手に気持ちよく話させつつ、自分の望む方向に誘導させることもできるかもしれませんが、私にはそこまでの技術はないので、とにかく相手に思うところをそのまま話してもらい、それを素直に受け止め、疑問に思ったところや面白いと思ったところを深掘りするようにしています。

話を先回りしたり、勝手に解釈したりするのはＮＧ

なお、相手が話し終えるのを待たずに、相手が言おうとしていることを想像し、先回りして言ってしまう人、相手が話したことを素直に受け止めず、自分なりの勝手な解釈を加えてしまう人が、たまにいらっしゃいます。

頭の回転が速い人、せっかちな人、「自分は頭がいい」「自分はコミュニケーション上級者だ」と自負している人に、よく見られる傾向だといえるでしょう。

話の先回りは、相手との相性が良ければ「この人は話が早い」とプラスに評価してもらえますが、相性が悪ければ、残念ながら「話の腰を折りやがって」「人の話を全然聞いていない」「思いこみが激しくてちゃんと会話ができない」などと思われかねません。

会話は、食うか食われるかの戦いではありません。

相手の発言は相手のものであり、途中で横取りする必要はありませんし、わざわざ余計なことをするより、黙って、素直な心で相手の言うことを最後まで聞いたほうが、よほど相手から信頼され、話しやすいと思ってもらえるでしょう。


相手の話を先回りしたくなったら、深呼吸したり、頭の中でゆっくり数を数えたりして気持ちを落ち着かせること。

勝手な解釈をすることが多く、「人の話を全然聞いていない」と言われがちな人は、家族や気の置けない友人との会話の際に、相手の言った内容を要約し、正しいかどうかを確認するというトレーニングをすることをおすすめします。


今まで、数ページにわたって、聞き上手になるためのさまざまな方法について書いてきました。

私の体験に基づいた話が多かったため、もしかしたら、「自分はライターでもないし、司会をすることもないし……」と思った人もいらっしゃるかもしれません。

しかし、「話をさえぎらない」「できるだけフラットな状態で話を聞く」といった意識

を持つことは、みなさんが仕事やプライベートで会った相手に話しやすい人だと思われるうえで、おそらく役に立つはずです。結局大切なのは、

- 自分が相手の話を聞いているときは「自分が話し手だったらどう思うか」
- 自分が話しているときは「自分が聞き手だったらどう思うか」

を想像すること、そして

- 相手の存在や相手の気持ちを尊重する

ことではないかと、私は思うのです。

17 「下調べ」でワンランク上の聞き上手に

取材やイベントの司会の前には、必ず下調べをする

取材やトークイベントの司会をする前に、私が必ず行うのが下調べです。

取材やイベントを円滑に進めるためですが、**事前の下調べは話しやすい人と思われるうえでも非常に重要**です。

下調べをしっかりすることで、相手の話を理解したり、相手が話したいことを引き出したり、相手の話を広げたり深めたりすることが容易になるからです。

下調べをすることによって、取材相手や取材内容、トークのテーマなどへの興味や好

意が増すことも、よくあります。

最初に調べるのが、取材相手や登壇者について、です。

今は、インターネットという便利なものがありますから、ウィキペディアなどでその方の経歴などを把握し（たまに誤情報もあるので、注意が必要ですが）、その方が過去に受けたインタビュー記事がアップされていれば読み、その方がツイッターやブログなどをされていれば、それらにも目を通します。

その方が本を出していたり、音楽や映像を発表していたりする場合は、一つの作品だけでもいいから、時間の許す限り読んだり聴いたり観たりします。

これらをチェックし、その方の人となりや考え方をある程度把握できれば、おのずと訊いてみたいこと、話してほしいことなどが浮かんできますし、逆に、相手が話したくないこと、触れてほしくないこともわかってきます。

さらに、話の内容についての基礎知識も頭に入れておきます。

たとえば、腎臓《じんぞう》に関する話を聞くなら腎臓、投資に関する話を聞くなら投資について、ネットで調べたり、関連書籍を読んだりします。

基本となる腎臓の仕組みや働き、投資の種類ややり方などをおさえておくことで、相手の話をスムーズに理解できるようになりますし、基本的な部分について話を聞く時間が短縮でき、より深く専門的な話を聞くことができます。

逆に、なんの知識もなく話を聞きに行ったら、話の内容を理解できず、質問をすることすらできないでしょう。あるいは、基本的な用語や仕組みなどについて、相手に何度も説明させることになってしまうかもしれません。

それでは相手はうんざりして、話をする気を失ってしまいます。

そして、仕事で調べたこと、知ったことは、バーでの接客やプライベートの会話においても非常に役に立ちます。

基礎的な知識が自分の中に蓄積されていくことで、さまざまな話題に対応できるようになりますし、それもまた話しやすいと思っていただけることにつながっているような気がします。

下調べをすることは、話しやすい人と思われるための近道

きちんと下調べをしておくと、相手に「この人は、自分に興味を持ってくれている」「もっと話したい」と思ってもらえる……という効果もありますし、思いがけない話が聞ける可能性も高まります。

たとえば、アーティストに新しいアルバムについての話を聞く……といった場合、その新作に関する取材記事がすでにネットや雑誌に載っていれば、必ず目を通します。

既存の記事に書いてある内容に関しては、「今回のアルバムのテーマは～ですよね？」「今回のアルバムを作られたきっかけは～だと書いてしまって大丈夫でしょうか？」といった具合に確認だけとり、その分の時間で別の質問をすることもしばしばあります。

取材できる時間は限られているのに、わざわざ本人から聞かなくても知りえる情報に時間を割くのはもったいないから……というのが一番の理由ですが、「相手は、もしかしたら同じような質問を何度も受けてうんざりしているかもしれない」と思うためでもあります。

その場合、こちらがほかの記事に書かれているようなことを尋ねると、相手は「この人は自分に対してなんの興味もなく、何も調べず、ただ仕事で来ているだけなんだな」

という気持ちになってしまうかもしれません。

逆に、既存の記事に書いてあることをこちらがきちんと把握していることがわかれば、「この人は、ちゃんと自分や自分の作品に関心を持ってくれているんだな」と思ってもらえるでしょう。

そのうえで、既存の記事の内容で疑問に思ったことを質問する、アルバムを聴いたうえでの自分の感想を（あまり長くならない程度に）伝える、といったことができれば、相手の考えが深まったり、忘れていたエピソードを思い出したりして、**今までの取材では話していなかったようなことが聞ける**可能性が高まります。

そうすれば、ほかのライターには書けない、オリジナリティのある原稿を書くことができますし、相手からも「おかげで自分の考えが整理できた」「新たな発見があった」と感謝されるかもしれません。

こういった取材ができれば、話しやすい人と思ってもらえるでしょうし、取材相手や編集者から喜ばれ、次の仕事にもつながりやすくなります。

取材や司会の前に、きちんと下調べをしておくことは、私にとって、**相手への敬意**

を示すことであり、話しやすい人と思われるための、そして仕事をスムーズに進めるための近道なのです。

みなさんも、仕事などで新たに誰かを紹介されたり、誰かと知り合ったりすることがあれば、相手についてさらっと下調べをしておくと、話しやすい人と思われ、関係が深まりやすくなるかもしれません。

下調べしたことをアピールするのはNG

ただ一つ気をつけなければいけないのは、下調べの目的は、決して「私はあなたについて、これだけ知っています」と知識をひけらかすためではなく、**調べたことを長々と話すのはむしろマイナスになってしまう**ということです。

調べて知ったことはつい相手に伝えたくなってしまうものですが、その気持ちはぐっと抑えなければなりません。

どれほど調べようと、相手のことを一番よく知っているのは相手自身ですし、過剰に

アピールしても相手にはうっとうしがられるだけですし、自分の知っているアピールに夢中になって、相手の話す時間を奪っては本末転倒です。

ですから私は、調べたことは、話の序盤で、あるいは話の途中の良きタイミングで一言二言チラッと口に出す程度にとどめるようにしています。

また、プライベートで知り合った人や好きな相手に関して調べまくってしまうという人もいるかもしれません。

しかし、仕事関連ならともかく、プライベートで、あまりにも相手が自分について調べすぎている、知りすぎているとわかると、たいていの人は相手を話しやすい人と思うどころか、**恐怖心と警戒心を抱いてしまいます**。

私もすぐいろいろと調べたくなってしまうタチなので、その行動自体を否定はしませんが、くれぐれも、調べたことをあまり相手に悟られないようにしましょう。

第１章　テクニック編

［STAGE 4］聞き上手になる

まとめ

話しやすい素敵な人は、

❶　**しゃべりすぎず**

❷　**相手の話をさえぎらず**

❸　**反復して沈黙して**

❹　**下調べをして**

話を聞くから、聞き上手！

18 いつでも「相手の気持ち」を考えて話す

■ 何かを説明するときには、必ず相手を観察し、相手に合わせて話す

このステージでは、自分が話し手になるときに気をつけなければいけないことをお伝えしたいと思います。

ただし、「人として正しいか正しくないか」ではなく、あくまでも「話しやすい人と思われやすいかどうか」を基準にしていることを、あらかじめご理解ください。

最初に、相手に何かを説明するとき、気をつけるべきことについて考えてみましょう。

何より大事なのが、**適度なペースで、わかりやすい言葉を使い、適度に筋道を立てて話すこと**です。

もちろん、相手がそのテーマについて精通している場合や、相手の頭の回転がおそろしく速い場合は、むしろ余計な説明をすっ飛ばし、専門用語を用い、スピーディに話したほうが、お互いにストレスなくコミュニケーションがとれることもあります。

しかし、相手がよく知らないテーマに関する話や、あなたがさんざん頭の中で考えて導き出した結論をろくに説明もせずに口にしても、あるいは相手がよく知らない言葉を使って早口でまくしたてても、相手はただ面食らうばかりで、まったく内容を理解してもらえないでしょう。

そして相手はあなたのことを、決して話しやすい人だとは思わないはずです。

逆に、ゆっくり話しすぎたり、説明が長すぎたりすると、それはそれで相手をイライラさせたり、かえって本当に伝えたい内容が伝わりづらくなってしまったりします。

常に「相手はどのような人か（そのテーマについて知識が深いかどうか、理解が早いかどうか、語彙《ごい》が豊富かどうか、など）」を確認しながら、**相手に合わせて柔軟に対応すること**。

それが、話しやすいと思われるうえで、非常に大事なスキルです。

会話において「自分クイズ」はタブー

もう一つ、何かを説明するときに気をつけたいのが、**もったいぶりすぎない**ことです。

会話や講演などにおいて、「一方的に話すのではなく、節々に質問やクイズを入れる」というのは、相手の興味をひくためのテクニックとして、よく紹介されています。

たしかに、よほどトーク力の高い人であれば別ですが、誰かが一方的に話しているのをただ黙って聞くよりも、質問やクイズを出され、考えさせられたほうが、聞き手の中に「その会話や講演に、自分自身も参加している」という当事者意識が芽生えやすく、話の内容への集中度や理解度は高まるでしょう。

でも、やたら質問やクイズを織り交ぜればいいというわけではありません。

会話や講演の中で質問やクイズを出す場合には、「ある程度、相手が正解にたどりつける可能性があること」「正解にたどりつけたとき、あるいは正解を知ったとき、相手の満足度が高いこと」が必要不可欠であると、私は思います。

なんらかの質問やクイズに対し、自分で正解にたどりつくことができれば達成感が得られますし、自分で正解が出せなくても、明かされた答えに、意外性や有意義な情報が含まれていれば、人は「面白い」あるいは「得をした」と感じ、一連のプロセスに満足します。

その結果、あなた自身やあなたの話の内容への好感度と興味も高まるでしょう。

ただ、相手がそもそもその質問やクイズの答えに対してなんの興味も持っていなかったり、正解を知ってもなんの感動もうまれなかったりした場合、話は別です。

たとえ自分で正解にたどりついたとしても、まったく喜びも達成感も得られないどころか、「こんなどうでもいいことにもったいつけやがって」「こんな余計なことに頭と時間を使わせやがって」「話なんか聞いてやるもんか」といった不満やストレスがうまれ、あなたに対する好感度も下がってしまうかもしれません。

特に、私が絶対に**おすすめしないのが「自分クイズ」**です。

たとえば、「おいくつですか？」と訊かれ、「いくつだと思う？」と返す……というのは、よくありがちな、そして非常に危険度の高い自分クイズです。

もちろん、本当に答えたくない場合や「人に年齢を訊くなんて無粋《ぶすい》ですよ」とたしなめたい気持ちがある場合は、そうした答え方をするのもありかもしれません。

しかし、基本的には、訊かれたときに即座に正解を伝えたほうがいいでしょう。

人が、何がなんでも知りたいと思って、誰かに年齢を訊くことは、ごくまれです。

多くの場合、その質問は、あくまでも相手を知るプロセスの一つにすぎず、本気で相手の年齢を知りたいと思っているわけではないし、知ったところで、同年代だ、年上だ、年下だ、思ったより上だった、思ったより下だった、くらいの感想しか抱かないでしょう。

ところが、相手がそのくらいの軽い気持ちで質問したことに、自分クイズで答えてしまうと、相手は正解を考えるだけでなく、「思った通りを答えればいいのか、それとも、こんなふうに答えるということは、自分のルックスに自信があるだろうから、少し下を

答えたほうがいいのか」と頭を悩ませることになります。

そして、「なんで、本気で知りたいと思ってもいないことに、頭を使わなきゃいけないんだ」「エネルギーと時間のムダ」と感じ、なんだか損をしたような気持ちになり、まだそれほど親しくないあなたに対して、ネガティブな印象を抱いてしまうかもしれません。

同様に、自分から話を始めた場合であれ、相手から質問された場合であれ、「本名とまったく関係のないあだ名の由来」「自分が、何かを好きになったきっかけ」など、あなたの過去を知らない人にはわかりようのないことを自分クイズにするのは避けたほうが無難です。

会話において、自分クイズはとにかくタブーだと心得ましょう。

19 「自分の話」は適度に混ぜる

自分の話ばかりしない

いつでもどこでも誰に対しても**自分のことばかり話してしまう人は、人を疲れさせ、できれば話したくないと思われがち**です。

もちろん、その人の話術が巧みだったり、話の内容が面白いものだったりする場合は、なんの問題もありません。

ところが、自分の話ばかりしてしまう人には、往々にして、

- 誰かが嬉しかったこと、悲しかったこと、腹が立ったことなどを伝えようとしているときに、「私の場合は」と自分の話にもっていってしまう
- みんながなんらかの話題で盛り上がっているときに、単に自分が話したいだけの話題をぶっこんでくる
- 自分の家族や友だちなど、その場にいる人がまったく知らない人のエピソードを話す
- 本人だけが面白いと思っている話や自慢話などが多い
- ディテールの説明が多く、話が長く、いつゴールにたどり着くのかまったくわからない

といった特徴があります。

なんらかの話題で盛り上がっているときにたびたびさえぎられたり、ほかの人の話も聞きたいのに、興味のない話ばかり聞かされたりすると、多くの人は「えーっと、今、

なんの時間だっけ」と思ってしまうものです。

しかも、マラソンや山登りをしているとき「今、どのあたりにいるのか」「あとどのくらいでゴールにたどり着くのか」が見えないと道のりが異常に長く感じられるように、**いつ終わるのかわからない自分語りは、聞いている人の疲れを倍増させます。**

話し手の技術がよほど高くない限り、誰かの長い話につきあわされている人は、十中八九うんざりしている。

そう考えて間違いないと、私は思います。

そのうえでどう行動するかは、その人の自由です。

話しやすい人だと思われたい人は、**自分の話ばかりしないように気をつける、話の要点を簡潔にまとめる**といったことを心がけましょう。

自分で問題点に気づくのはなかなか難しいので、遠慮なく意見を言ってくれる、信頼できる友人に、ときどき話し方をチェックしてもらうのもいいかもしれません。

しかし、中には、「相手がうんざりしていようとなんだろうと、私は自分の話したい

ことを話したい」という人、自分の話ばかりするのをどうしても止められない人もいるかもしれません。

その場合、どんなに自分の話をしても聞き流してくれる、包容力のある（もしくは、基本的に他人の話をちゃんと聞いていない）人以外から敬遠されても、仕方がないとあきらめましょう。

あなたに自分の気持ちを優先する自由があるように、相手にも自分の気持ちを優先する自由があるのです。

自分の話をまったくしない

一方で、自分の話をまったくしないのも考えものです。

「自分の話ばかりするのはダメと言ったり、自分の話をしないのはダメと言ったり、どっちが本当なの？」と思われるかもしれませんが、どちらも本当です。

コミュニケーションの基本は、ギブ・アンド・テイク、コール・アンド・レスポンスであり、一方だけが与え続けるという関係性には、どうしても無理が生じやすくなり

ます。

自分の話をまったくしない人、自分の意見をまったく言わない人はどうしても、得体の知れない人、何を考えているのかいまいちよくわからない人と思われやすく、なかなか信頼関係を築くことはできません。

自分のことを包み隠さず話すことを「自己開示」といいますが、あなたが自己開示を行うと、相手は「これだけ自分のことを話してくれたんだから、こちらも自分のことを話さなければ」という気持ちになります。

そして、相手が自己開示を行うと、相手の脳は「自分はこれだけプライベートなことを話しているのだから、この人を信頼しているのだ」と錯覚します。

このようにして互いに自己開示を行うことにより、「この人のことは信頼できる」「この人にならなんでも話せる」という**信頼関係が育まれていく**のです。

逆に、自分のことをまったく話さなければ、相手は「この人は自分のことを信頼してくれていないんだな」と感じ、相手もあなたに対して心を開いてくれなくなってしまう、

というわけです。

もちろん、いつでもどこでも誰に対しても、脈絡なく自己開示していたら、ただの自分のことばかり話す人になってしまいますし、話したくないことまで無理に話す必要もありませんが、**適度に自分のことや自分の考えを相手に伝える**ことは、信頼関係を築き、話しやすい人だと思われるうえでは必要不可欠なのです。

20 「言葉の選び方」に気をつける

できるだけ「やわらかい言葉」を使う

できるだけやわらかい言葉、表現を使うこと。それも、話しやすい人と思われるうえで、とても重要です。

特に「嫌い」「ダメ」など、ネガティブだとされているような事柄を表すときは、できるだけ強く直接的な言葉や表現を使わず、優しくやわらかい言葉や表現を使いましょう。

言葉の選び方、言い方一つで、相手に与える印象は大きく変わります。

たとえば、「嫌い」と言いたいときに「あまり好きじゃない」と言ったり、「ダメ」と言いたいときに「あまりよくない」と言ったりすると少し優しい印象になります。
そうすれば、相手はあなたに対し、**「この人は気を遣って話す人なんだな」という印象を抱く**でしょう。

どうしても誰かを攻撃したいとき、ストレスがたまり周りの印象など気にせず思いきり誰かの悪口を言いたいとき、直接的な言葉を使わないと相手に伝わらないと感じたとき――などは別ですが、そうでない場合はできるだけ優しくやわらかい言葉や表現を使うようにしてみましょう。

中には「そんなことを言われても、どう優しい表現に言い換えたらいいかわからない」と思う人もいるかもしれません。
時間のあるときに本や漫画を読んだり辞書を眺めたりして語彙を増やしたり、いろいろな事柄について、どうすれば優しい表現になるだろうと考えたりするのももちろん効果的ですが、もし身のまわりに、「この人の話し方は優しいな」と感じる人がいれば、その人がどのような言葉を使い、どのような話し方をしているかを観察し、真似してみ

ましょう。

ネガティブなこと「ばかり」口にしない

みなさんの中に、しょっちゅう「ムカつく」「嫌い」などと言っている人、「疲れた」「だるい」などが口癖になってしまっている人はいませんか？

もちろん、本当に腹が立ったとき、本当に疲れたときなどに、ついそうした言葉が出てくるのは仕方がないことです。

ネガティブな言葉をポジティブな言葉に言い換えましょうといった趣旨の本をよく見かけますが、ときにはネガティブな感情に蓋をせず、ダイレクトに表現したほうがすっきりすることもあります。

しかし、ネガティブなこと「ばかり」言ってしまうのは考えものです。

ネガティブなことばかり言っている人に対し、人はどうしても、気難しそう、話しにくそうといったイメージを抱いてしまうからです。

また、「疲れた」「だるい」と言ったり、周りの人がそうした言葉を口にしているのを聞いたりすると、「疲れのイメージ」「だるいイメージ」が脳内に呼び起こされ、本当に疲れてしまったり、だるくなってしまったりすることがありますし、「楽しい」「嬉しい」と言ったり、そうした言葉を聞いたりすると、本当に楽しくなったり嬉しくなったりします。

「話していて楽しい気分になる人と、どんよりした気分になる人、どちらと話したいか」と訊かれたら、多くの人は前者を選ぶのではないでしょうか。

「つい、ネガティブなことばかり言いすぎてしまったな」と思ったら、最後に少しだけでもいいですから、ポジティブな言葉やポジティブな話題を口にするようにしましょう。

「愚痴ってごめん。でもおかげですっきりした」と一言添えるだけでも、相手に与える印象は変わるはずです。

21 「話題の選び方」に気をつける

「相手がその話題を楽しんでいるか」を最優先に考える

話しやすい人だと思われるためには、会話をしているときの空気感や態度、言葉の選び方などに加え、話題の選び方も重要です。

ふさわしい話題を選び、お互いにストレスを感じることなく会話が盛り上がれば、相手はあなたに対し「話しやすい」「もっと話したい」と思うでしょうし、選んだ話題が適切でなく、会話が盛り上がらなかったり、相手を怒らせたり傷つけたりすれば、相手はあなたに対し、「あまり話したくない」と思うでしょう。

では、話題選びにおいては何に気をつけるべきなのか。
まず大事なのが、

相手がその話題を「望んでいる」か
相手がその話題を「楽しんでいる」か

を考えることです。

自分にとってまったく興味のない話、面白いと感じられない話を延々と聞かされるのは、誰にとっても苦痛です。

おそらく、「今、なんの時間？」「これ、なんの罰ゲーム？」といった思いが、頭の中をぐるぐるとめぐってしまうでしょう。そして、「この人と話すのは苦痛」「できれば話したくない」という気持ちが芽生えてしまうはずです。

特に、話したいという欲求が強すぎる人、その話題に関する知識がありすぎる人、自

分には話術があるという自信がある人などは、相手の気持ちを考えず自分の話したいことばかり話してしまう可能性が高いので注意が必要です。

もしあなたが相手に話しやすい人と思ってもらいたいのであれば、口を開く前に（もしくは話しながら）、

「今、自分が話そうとしている（話している）ことに、相手は興味を持つ（持っている）だろうか」

と考えるようにしましょう。

それを意識するだけで、相手に「時間をムダにさせられた」「この人とはもう話したくない」と思われてしまう危険性はかなり減ります。

興味のない話題に対する、相手のささやかなサインに要注意

では、具体的にどのようにすれば、「相手がその話題を楽しんでくれるか」を的確に

判断することができるのか。

相手とそれなりにつきあいがあり、性格や趣味や好み、「どんな話をしているとき、楽しそうにしているか」「どんな話をすると乗ってきやすいか」がわかっていれば、これらの情報を元に、比較的容易に相手が喜びそうな話題を推測することができますが、あまり親しくない相手だと、情報が少なすぎて、口を開く前に判断するのは難しいでしょう。

そのような場合は、**会話をしながら情報を集めていく**しかありません。

たとえば「好きな食べもの」「趣味」「今、行ってみたい場所」「芸能ニュース」など、あまりヘビーにならない、ライトな話題をいくつか振り、相手の反応を観察しましょう。

相手が饒舌《じょうぜつ》になったり、質問をしてきたりすれば、その話題に乗ってきている証拠です。

一方で、興味のない話を聞かされているとき、イライラやストレスを率直に態度に出す人は、そう多くはありません。

たいていの人は微笑みなど浮かべつつ、黙って聞いてくれますし、「この話、興味

ある?」とダイレクトに尋ねても、よほど親しくなんでも言い合える間柄でない限り、「うん、もちろん!」といった答えが返ってくるでしょう。

そのため、「この人は、この話題に関心を持っていない」と気づくのはやや難しいかもしれませんが、よく観察していると、

- 相手からの質問がまったくない
- 相手がまったくその話題を広げようとしない
- 相手の目がうつろ
- さりげなく時間をチェックしている

など、いくつかのサインは発されているはずです。

こうしたサインが見られた場合、その話題については深掘りせず、さっさと撤収して次の話題に移りましょう。

もっとも、ほかの人が何を望んでいるかを、事前に正確に判断するのは、超能力者でもない限り不可能であり、乗ってくるだろうと思った話に相手があまり興味を示さなかったり、逆に意外な話に食いついてきたりすることもよくあります。

なので、「こんな話を聞いても楽しくないんじゃないだろうか」などと臆病になりすぎる必要はありません。

一度「相手がその話題を楽しむだろうか」と考える。

それを心がけるだけで、「ただ自分が話したいことを、話したいように話す」のではなく、知らず知らずのうちに相手の反応を観察したり、、相手に楽しんでもらえるよう、話し方を工夫したりするようになるでしょうし、会話における「独りよがり感」は薄れるはずです。

恋バナは盛り上がりやすいが、取扱いは慎重に

ちなみに、私がバーでお客さんとお話をするときに、よく話題にするのが、芸能

ニュースです。
政治・社会のニュースだと、政治信条や人種などの違いによって意見の対立が起こりかねませんが、芸能ニュースの場合は誰も深刻になることなく、無責任に盛り上がることができて、ちょうどよいのです。

ただ、芸能ニュースで盛り上がるのは、私がお手伝いしているバーのお客さんやマスター、タッフにンタメ好きな人、芸能ネタに詳しい人が多く、しかもなんでも面白がる人が多いためでもあります。
芸能にうとい人、芸能人の不倫報道などに真剣に怒ってしまう倫理観の強い人などと会話するときには、芸能ニュースを話題にするのは、あまり適切ではないかもしれません。

また、初めてのお客さんなどとマンツーマンでお話しするときに、最初に話題にするのは、「平日なら仕事帰り、休日なら買い物や旅行などの帰りなのか」「住まいや職場はどこなのか」「ふだんはどんなお店に飲みに行くのか」「パートナーはいるのか」「どのようなタイプが好きなのか」といったあたりです。

ご愛読誠にありがとうございます。

読者カード

●ご購入作品名

●この本をどこでお知りになりましたか？

年齢　　歳　　　　　性別　　男・女

ご職業　1.学生（大・高・中・小・その他）　2.会社員　3.公務員
4.教員　5.会社経営　6.自営業　7.主婦　8.その他（　　　）

●ご意見、ご感想などありましたら、是非お聞かせ下さい。

●ご感想を広告等、書籍のPRに使わせていただいてもよろしいですか？
※ご使用させて頂く場合は、文章を省略・編集させて頂くことがございます。
（実名で可・匿名で可・不可）

●ご協力ありがとうございました。今後の参考にさせていただきます。

郵便はがき

料金受取人払郵便

渋谷局承認

1130

差出有効期間
2024年3月
31日まで

1508701

039

東京都渋谷区恵比寿4−20−3
恵比寿ガーデンプレイスタワー8F
恵比寿ガーデンプレイス郵便局
私書箱第5057号

株式会社アルファポリス
編集部 行

お名前
ご住所 〒 TEL

※ご記入頂いた個人情報は上記編集部からのお知らせ及びアンケートの集計目的以外には使用いたしません。

もっとも、バーのお客さんの中には、あまりプライベートな情報を公開するのを好まない方もいらっしゃいます。

そのため、住まいや職場の場所を話題にするときには、最初は「なんとなく、どの辺のエリアですか？」といった、**ふわっとした質問から始める**ことが少なくありません。

なお、バーには「出会いの場」としての役割もあるため、パートナーの有無や好きなタイプを訊くのは必要なことでもあるのですが、中にはそうした質問にうんざりしている方もいらっしゃるので、「ありきたりな質問ですが」「もし差し支えなければ教えていただけますか？」といった具合に**ワンクッション置く**ことがしばしばあります。

あるいは、「パートナーさんはいらっしゃるんですか？」とダイレクトに訊くのではなく、たとえばお客さんが旅行帰りであれば、「旅行には、おひとりで行かれたんですか？」などと尋ね、**遠回しに探る**こともあります。

こうした話題に関しても、世の中には、他者に恋愛感情や性的な欲求を抱きにくい方を含め、さまざまなセクシュアリティの方、さまざまな価値観の方がいらっしゃいます。

恋愛をすること、恋愛対象が異性であることなどを前提にそうした話をすると、知らぬ間に相手にしんどい思いをさせていることもありますし、最近は、職場などでプライベートに踏みこんだ話をすること自体を問題視する人も増えています。

恋バナは盛り上がりやすく、人と人の距離を近づけやすい話題ではあるのですが、**取扱いにはやや注意が必要**であるといえるでしょう。

会話に困ったときは、食べものの話で切り抜けよう

ここからは、会話において話題に上がりやすいいくつかのテーマについて、気をつけたほうがいい点などをお伝えしたいと思います。

「いい天気ですね」「雨、結構降ってますね」「暑いですね」「今日は一段と寒いですね」「桜、咲き始めたみたいですね」といった天気・気候ネタは、あまり親しくない人と会話をするときに、話題に上がりやすいテーマの代表例といえるかもしれません。

しかし、よほどそこから会話を広げる腕を持ち合わせていない限り、こうした言葉への返事のバリエーションは、「そうですね」「困りますね」「雨、やむといいですね」「早

く涼しく（暖かく）なってほしいですね」「いつ頃満開になるんでしょうね」などに限られてしまい、会話が一往復や二往復で終わり、その後にもっと気まずい沈黙が訪れがちです。

天気・気候ネタは、あくまでも会話の入口にしか使えないと心得ておきましょう。

比較的無難で、**話を広げやすいのは、食べものの話**かもしれません。

あのタモリさんも、かつて『笑っていいとも！』という番組でゲストとの会話に困ったときには、よく食べものの話を振っていました。

「好きな食べものや嫌いな食べものと、その理由」「おいしかったお店、まずかったお店」など、食べものの話は、基本、誰も傷つけませんし、共通して好きなもの・嫌いなものがあれば盛り上がり、好みの違いがあれば、それも面白がることができます。

特に、知り合ったばかりで、何を話したらいいかわからない相手との会話には、ちょうどいい話題かもしれません。

あなた（あるいは、相手）が好き（あるいは、嫌い）な食べものがメジャーなものであれば、お互いに話を合わせやすいし、マイナーなものであっても、どういう食べものなのかを説明したり尋ねたりすることで、会話も広がるはずです。

ただ、食べものネタだけだと、どうしても表面的な会話に終わってしまいがちです。食べものネタは芸能ニュース同様、会話に困ったときの話題、気軽に盛り上がりたいときの話題と考えておいたほうがいいかもしれません。

ほかに、趣味や休日の過ごし方、ペット（好きな動物）、好きな場所、行ってみたい場所なども、比較的無難ではありますが、興味の有無によって、すごく盛り上がるか、まったく話が広がらないか、明暗が分かれやすい話題でもあります。

軽く話題を振ってみて、あまり相手が興味を示さず、話が広がらないようであれば、すみやかに撤収したほうがいいでしょう。

どんな話題でも、「肯定」「共感」「線引き」が大事

なお、食べものの話であれ趣味の話であれ、たとえば「この間、浅草の▲▲というお店でとんかつ食べたんだけど、すごくおいしかったんだよね。とんかつ、好き？」といった具合に、**まず自分の情報をサラッと開示したほうが、相手も話に乗りやすい**でしょう。

また、どのような話題も、ただ振ればいいというわけではありません。

話しやすい人だと思われるためには、相手の話をしっかり聞いたうえで、もしその話題について知っていることはあれば、適度に情報を提示して会話を広げ、自分の中に引き出しがない場合は、ＳＴＡＧＥ４でお伝えした５Ｗ１Ｈ法などによって**相手に質問をし、会話を掘り下げていきましょう**。さらに、

- 相手の好きなものや相手の価値観を否定しないこと
- 相手の発言のうち、共感できる部分があれば、「わかるわかる」といった具合にきちんとリアクションをとること
- どこまで踏みこんでもいいのかを常に察知すること

も重要です。
特に、ある程度関係性が出来上がってくると、お互いの仕事や家族、出身地、過去の

経歴、共通の知人、（芸能ニュース以外の）社会的なニュースなどについて、一歩踏みこんだ話をすることも増えてくるのではないかと思います。

こうした話題を振ったときや質問をしたとき、なんとなく相手からぼんやりした返事、歯切れが悪い返事が返ってきたときには、これ以上踏みこんでほしくないのかもしれないと考え、いったん撤収するようにしましょう。

第１章　テクニック編

[STAGE 5］話し上手になる

まとめ

話しやすい素敵な人は、

❶　相手に合わせて

❷　自分の話も適度に

❸　優しい言葉を使って

❹　話題を選んで

話しているから、話し上手！

第2章

マインド編

話しやすい人はこう考えている!

第2章では、話しやすい人になるためのマインドについてお話ししましょう。

さまざまなテクニックを紹介してきましたが、これからお伝えするようなマインドを持つことができれば、テクニック的なものも自然と身についてくるのではないかと思います。

では、話しやすい人になるための基本的なマインドとはどのようなものか。私は、

- 他人に興味を持つ
- 他人を尊重する
- 自分自身を受け入れる
- 自分を大きく見せない

の4つが重要だと思っています。

それぞれについて、詳しくお話ししましょう。

01 他人に興味を持つ

他人に興味を持つことが、すべての基本

話しやすい人になるためのマインドのうち何よりも大事なのは、**他人に対して興味を持つこと**です。

他人に興味を持てば、自然に相手の話を聞こうという気持ちがうまれ、それは話を聞く態度にも表れます。

「この人は、興味を持って自分の話を聞いてくれている」と感じれば、相手はあなたのことを話しやすい人だと思うでしょう。

ちなみに、これといったとりえのない私ですが、他の人に対する興味だけは、並外れて高いと自負しています。

もっとも、それを長所と言えるかどうかはわかりませんが……。


食欲、性欲、睡眠欲など、人にはさまざまな欲求がありますが、私の場合は単に、できるだけいろいろな人について知りたい、自分が知らないことをなんでも知りたいという欲求が強いだけではないかと、自分では思っています。

いずれにしろ私は、誰かと知り合い、ゆっくり話す機会があると、その人がどこで生まれ、どこで暮らしているのか、どのような子ども時代、青春時代を過ごしたのか、今、どんな仕事をしているのか、いつ、なぜその仕事を選んだのか、日々どのようなスケジュールで生活をしているのか、どのような価値観を持っているのか、といったことが知りたくて仕方がありません。

いきなり質問攻めにすると、相手は「この人、距離感がおかしい」とびっくりして警戒心を抱くでしょうから、様子を見ながら少しずつ会話と質問を重ねていきますが、私がいろいろな方から話しやすい人と思われているとしたら、そんな私の性質によるところが大きいのではないかという気がします。

人の話を聞くことで、他人への興味がわいてくる

話しやすい人だと思われたいと考え、この本を読んでおられる方の多くは、基本的には他人への興味を持ち合わせているのではないかと、私は思います。

なぜなら、話しやすい人だと思われたいと考えるのは、他人と関わりたいという気持ちがあるためであり、他人と関わりたいという気持ちは、他人への興味につながっていくからです。

でも、もしかしたら中には、他人にあまり興味が持てないという人もいらっしゃるかもしれません。

もちろん、それも一つの生き方です。

他人と深く関わって人間関係で余計なストレスを感じたくない、誰にも深入りせず一人でいたほうが気がラク、他人の好ましくない面を知るのが怖い、といった理由で人に興味を持たないようにしているのであれば、そして他人にあまり興味を持たなくても日常生活で不便を感じていないのであれば、無理に他人に興味を持つ必要はないのではな

いでしょうか。

ただ、話しやすい人と思われたい、他人に興味を持てるようになりたいという思いがあるのに、なかなか興味を持つことができない人もいるでしょう。

そのような人は、いったいどうすればいいのか。

鶏が先か卵が先かといった感じになってしまいますが、他人に興味を持つための一番の方法は、**人の話をきちんと聞くこと**ではないかと、私は思います。

実際、私自身、昔は今ほど他人への興味オバケではなかったような気がします。

大人になって、仕事やプライベートでいろいろな人と出会い、話を聞く機会が増えたことで、他人の人生や価値観を知る面白さがわかり、私の中でできるだけいろいろな人について知りたいという欲求がどんどん膨らんでいったのです。

また、人は見ず知らずの人、まったく情報がない人よりも、**なんらかの接点がある人、ある程度知っている人に、より興味を持ちやすい**傾向があります。

あなたも、自分が知らない誰かが宝くじを当てた、自分の知らない誰かに恋人ができ

たと聞くより、友だちが宝くじを当てた、友だちに恋人ができたと聞いたほうが、よりその話に興味を持つはずです。

ですから、一度誰かの話をきちんと聞き、その人に関する情報が自分の中にインプットされたら、その人のことをもっと知りたいという思いがうまれるかもしれません。

もし今、あなたがなかなか他人に興味を持つことができないと悩んでいるなら、これまでお伝えしてきた、前傾姿勢で話を聞く、聞き役に徹しつつ、ところどころで質問をしてみるなどのテクニックを使って、いろいろな人の話を聞いてみましょう。

形から入ることで、脳が「自分は相手の話に興味を持っている」と錯覚し、本当に相手に対し興味がわいてくる可能性もあります。

もちろん、いきなり世の中の人全員に興味を持つ必要はありません。

さまざまな人と知り合い、話を聞く中で、一人でも「この人についてもっと知りたい」「この人、面白い」と思ったら、その気持ちを大事にしましょう。

02

他人を尊重する

この世に生きるすべての人に、それぞれの人生があり、学ばせてもらえるものがある

話しやすい人になるためのマインドの2つめは、**他人を尊重すること**。かみ砕いていえば、「この世に生きるすべての人に、それぞれの人生があり、学ばせてもらえるものがあると考えること」です。

年齢や性別、セクシュアリティ、国籍、財産や社会的地位や外見的魅力の有無、自分にとってのメリットなどでジャッジをせず、相手をリスペクトし、ていねいに謙虚に話

を聞く。

その思いはやはり相手にも伝わるのではないか、という気がします。

話している相手がなんだか偉そう、話している相手が自分を下に見ている、話している相手が自分の話を雑に聞いていると感じたら、多くの人は不快な気持ちになるでしょう。

相手のことを話しやすい人などとは決して思わないはずです。

また、初めから「この人の話はちゃんと聞かなくていい」と心の中でシャットアウトすると、たとえ相手の話の中に興味深いもの、自分にとって学びとなるものがあっても、見落としてしまいます。

他人に対して興味を持つうえでも、こうしたマインドを持つことは重要なのです。

他人から学ばせてもらうことで、人生は豊かになる

こうしたマインドを持って人の話を聞くことは、あなたの人生を豊かにもしてくれ

自分がピンチに陥ったとき、そこから解決のヒントが得られるかもしれません。

私自身、仕事でもプライベートでも、「この世に生きるすべての人に、それぞれの人生と思いがあり、学ばせてもらえるものがある」という気持ちで人と接しています。

実際、今までさまざまな人の話を聞いてきましたが、平凡でつまらない人などというのは一人もおらず、誰の話の中にも、必ず面白いと感じること、興味を覚えること、勉強になることがひそんでいました。

ライターという仕事柄、人から聞いた話をいろいろな場面で生かしやすいという点はありますが、私は基本的に、人との会話は知識と情報の宝庫だと思っていますし、そうした思いが、私を話しやすい人、聞き上手にしてくれているような気もします。

世の中にはいろいろな人がいるということをしっかりと理解する

また、話しやすい人になるためには、「世の中にはいろいろな人がいる」「たとえ自分とは異なる価値観でも、それがその人にとっての正義なのだ」ということを、しっかりと理解することも大事です。

それができて初めて、人は先入観や否定的な感情を持たず、他の人の話をありのままに受け止めることができ、相手からも「この人は、自分の話を否定せず、誤解せず、ちゃんと聞き、受け入れてくれる」と思ってもらえるからです。

そして、やはり鶏が先か卵が先かになってしまいますが、そのために必要なのは、**いろいろな人と知り合い、話を聞くこと**です。

自分と同じような人とばかりつきあい、会話をしていると、考えが固まり狭まってしまいがちだからです。

もっとも、人間にはどうしても好き嫌いがありますから、すべての人を好きになる必要はありませんし、挨拶をするだけでも気が重いという相手と無理に話す必要もありません。

話を聞いたうえで、「この人の価値観は私とは合わない」と判断するのも自由です。

ただ、たとえ嫌いな相手、苦手な相手、価値観が合わない相手であっても、その人の話の中に、意外な発見や勉強になること（反面教師として参考になる、という場合も含

めて）がひそんでいる可能性は大いにあります。

そう考えるだけで、相手への接し方が変わり、（それが嬉しいかどうかは別として）話しやすい人と思われるでしょうし、あなたの人生も、より豊かなものになるのではないでしょうか。

なお、本当の意味で他人に興味を持ったり、他人を尊重したりするためには、自分自身を受け入れる必要があります。

次項ではその点について、詳しくお話ししたいと思います。

03

自分自身を受け入れる

「自分自身を受け入れる」とはどういうことか

話しやすい人になるためのマインドの3つめは、「**自分自身を受け入れる**」です。

この話は、人によってはちょっと難しく感じられるかもしれませんが、真に話しやすい人になるうえで、非常に重要だと思いますので、ぜひ読んでいただけると幸いです。

私は、自分自身を受け入れるというのは——

自分のダメなところ、弱いところ、ずるいところも含めて「それが自分なのだ」と思えるようになること

だと考えています。

なぜ話しやすい人になることと、自分自身を受け入れることが関係するのか、疑問に思われた方もいらっしゃるかもしれませんが、自分自身を受け入れると、人は**他人をフラットに好きになり**、他人とフラットに接することができるようになります。

また、自分自身を受け入れると、人は「自分の存在価値をアピールしなければ」「自分の立場を守らなければ」といった焦りから解放され、**他人の話を落ち着いて聞くことができる**ようになります。

その結果、話しやすいと思われることが増えるのではないかと、私は思うのです。

では、自分自身を受け入れることのこうした効用について、もう少し詳しく見ていきましょう。

他人をフラットに好きになる

まず、自分自身を受け入れると、他人をフラットに好きになり、他人とフラットに接することができるようになるとはどういうことか。

おそらくみなさんの中には、「他人を好きになるのに、別に自分自身を受け入れる必要なくない？」と思う人もいるでしょう。

たしかに、自分自身を受け入れなくても、他人を好きになることはできます。

しかし、自分自身を受け入れていない人はどうしても、自分と他人を比べて劣等感にさいなまれたり、自分よりも恵まれていると感じる他人をねたんだりしやすくなります。「どうせ自分なんて」が口癖になってしまったり、他人の話をついつい斜《はす》にかまえて聞いてしまい、相手が楽しい話をしているのに、ついネガティブなレスポンスをしてしまったりすることもあるかもしれません。

あるいは逆に、自分が抱えている劣等感や自分に足りないものを埋めるべく、他人を理想化し崇拝したり、盲目的に依存したりする人もいるかもしれません。

そのような状態では、**相手をありのまま見ることが難しく**、相手の話を勝手に都

合よく解釈することもあるでしょう。

しかし、自分自身を受け入れることができれば、

「たしかに、自分にはダメなところがある。できれば克服したほうがいいし、それを目指したい。でも、できなくても自分を責めたりしない。だって人間だもの」

「自分は自分でしかなく、自分は自分の人生しか生きられない」

「人と比べても仕方がない」

といった気持ちになり、いたずらに劣等感にさいなまれたり、他人をねたましく思ったりすることが少なくなります。

自分自身にある程度満足することができれば、他人に依存する必要もなくなるでしょう。

多くの人は、自分に対して妬みを抱いている人や自分に対する当たりがキツい人、自分を勝手に理想化している人と話すより、**等身大の自分に対して好意を持ってくれ**

ている人と話すほうが楽しく、話しやすいと感じるのではないでしょうか。

相手の話を落ち着いてきちんと聞くことができるようになる

次に、「自分の存在価値をアピールしなければ」「自分の立場を守らなければ」といった焦りから解放される点についてお話ししましょう。

自分自身を受け入れていないと、人はなかなか、自分は自分のままでこの世界に存在していても良いという確信を持つことができません。

その結果、社会や他者からの評価によって、自分の価値や自分が存在する意味を確かめようとするため、ときには他人の話をさえぎってまで自分の存在をアピールしたり、他人を押しのけてまで居場所を確保しようとしたり、必要以上に他人の顔色をうかがったりすることがあります。

しかし、社会や他者の評価はあてにならず移ろいやすいものです。他人を一面でしか評価しない人はたくさんいますし、自分より優れた人も、世の中にはたくさんいるから

です。

そのため、社会や他者の評価によって、自分の価値や存在意義を確認している限り、人は十分な満足感を得られず、焦燥感を抱え続けることになります。


人が、会話や会議などの最中に「ここで何か言わなければ」「自分の存在を主張しなければ」と焦ってしまうのは、「それをしなければ自分の存在価値がなくなってしまう」「自分の居場所がなくなってしまう」と感じるからだと私は思います。

また、自分と生き方や考え方が異なる人と話をしているとき、過剰に腹を立てたり、喧嘩腰になったり、相手を無理やり説得しようとしたりする人にも、そうした焦りがあるような気がします。


自分を受け入れていないと、自信が持てず、自分は自分であり他人は他人であるという割り切りができないため、「自分と違う考えや生き方を認めてしまったら、自分の価値が揺らいでしまうのではないか」と不安になってしまうのです。

完璧でなければ他人や社会から認められないと思うあまり、完璧主義になり、自分にも他人にも厳しくなってしまう人もいるでしょう。

でも、自分自身を受け入れることができれば、ダメなところもあるけど自分は唯一無二の存在であるという、**確固たる自信を持つ**ことができます。

そして、

「この人に好かれたい（この社会で評価されたい）という思いはあるけど、自分なりに努力をしたうえで、**ダメならダメで仕方ない**」

「万が一、この人に好かれなかったり、この会社やコミュニティで居場所がなくなったりしたときには、**新たな場所を探すか、一人で強く生きていこう**」

といった具合に、ある程度ドライな気持ちで生きることができるようになります。

そうなれば、「ここで何か言わなければ」「自己主張しなければ」という気持ちが薄くなり、相手の話を落ち着いてきちんと聞くことができるようになるでしょう。

「人間はみな、完璧ではない。自分にダメなところがあるように、相手にもダメなところがある」「自分の考えが100％正しいわけではない」と思えるようになれば、相手の言動や失敗に過剰に腹を立てたり、他人を攻撃したりすることも少なくなるはずです。

話しているときに必死で自己アピールをする人や、他人の生き方や考え方の違い、他人の失敗を許さない人と、多少の違いや欠点を大らかに受け入れ、落ち着いてちゃんと話を聞いてくれる人。どちらのほうが話しやすいと思われやすいかは、言うまでもないでしょう。

私が自分自身を受け入れられるようになった理由

参考になるかどうかはわかりませんが、ここで、私自身の話をしておきましょう。

私が、ある程度自分自身を受け入れられるようになったのは、30代を過ぎてからのことです。

それまでの私は、劣等感のかたまりでした。

容姿に対しても性格に対しても才能に対してもまったく自信が持てず、周りの優れた友人たちと比べては、嫉妬したり、ひけめを感じたりしていたのです。

そんな私が、自分自身を受け入れられるようになったのは、一つには、私をそのまま受け入れてくれた人たちのおかげです。

私のいいところは褒め、ダメなところ、弱いところは「それもあなたらしさだよね」と言ってくれる人が何人かいることが、大きな支えになっていると思います。

もっとも、そうした人とすんなり出会えるかどうかは、運次第なところがあります。「誰でも必ず出会えます」とは言い切れません。

でも、もしみなさんの周りにそういう人がいる場合は、ぜひ大事にしてください。

もう一つは、厳しいゲイ友だちのおかげです。

20代の頃、私の周りには、変に観察眼が鋭くて口の悪いゲイ友だちがたくさんいて、劣等感や欠点や弱点など、私が隠そうとしていることは容赦なくついてくるし、少しでも勘違いしたり自分を哀れんだりするとすぐに

「勘違いすんなブス」

「悲劇のヒロインぶってんじゃないわよ」

とつっこんできました。

そのときはもちろん腹も立ちましたが、彼らからの攻撃に鍛えられ、私は徐々に、**弱点や欠点はヘタに隠そうとするより、堂々と認めてしまったほうがラクだ**と学びましたし、相手からつっこまれる前に、自分で自分の気持ちや考えを、できるだけ冷静に客観的にチェックするようになりました。

たとえば、他人に対して自分が何かしらネガティブな気持ちを抱いたときには、

「たしかに相手の言動が無神経で気に障る部分もあるけど、自分より優れている相手に対する妬みもかなりあるよね」

「相手の言動が非常識だと思ってイライラしているけど、それって、自分が『常識』だと思っているものをベースに考えているだけだよね」

といった具合に、その気持ちを客観的に分析するのです。

そうすると、まず他人にネガティブな気持ちを抱く頻度が、大幅に減っていきます。

また面白いもので、弱点や欠点は見ないようにすればするほど気になり、隠そうとすればするほど姿を現してきます。

最初はやや痛みを伴いますが、自分にはこういう弱いところがある、自分にはこうい

う欠点があると分析し、認めると、どんどん気にならなくなり、「ダメダメな自分だけど、まあ、いいか。完璧な人間なんていないし、仕方ない」という気持ちになっていくのです。

全員におすすめはしませんが、興味のある方は、ためしにこうした「**徹底的なセルフツッコミ**」にチャレンジしてみてください。

なお、話しやすい人になれば、自己肯定につながるようないい出会いも増えますし、いい出会いが増えれば、自信と余裕がうまれ、もっと話しやすい人になるといった好循環がうまれます。

あるいは、他人に興味を持ち他人の話を聞くことが増えると、自分のことを俯瞰《ふかん》して見られるようになり、「自分がコンプレックスを感じたり、隠さなきゃいけないと思ったりしていたことなんて、大したことなかったな」と思えるようになったりもします。

そう考えるとやはり、自分自身を受け入れることと話しやすい人になることは、車の両輪のようなものだといえるかもしれません。

04 自分を大きく見せようとしない

自分を大きく見せようとする人は、会話の相手を自分の「観客」にする

マインド編の最後に「自分を大きく見せようとしないこと」の大切さについてお話ししたいと思います。

みなさんは、自慢話が多い人や、自分を大きく見せようとして話を盛ったり嘘をついたりする人と話していて疲れてしまったという経験をしたことがありませんか？

逆に、飾らずに、素のままの自分を出している人と話していると、自分自身もリラックスでき、会話が弾みませんか？

人によって感じ方はさまざまかもしれませんが、私は、自分を大きく見せようとしないことは、話しやすいと思われるうえで非常に重要なファクターではないかと考えています。

自分を大きく見せようとする人は、会話の中に、「自分はいかに頭がいいか」「自分はいかにものを知っているか」「自分はいかに仕事ができるか」「自分はいかにお金を持っているか」「自分はいかに人気があるか」「自分はいかにすごい人と知り合いであるか」といったことを、ちょくちょく盛りこんできます。

実際に仕事ができたりお金などを持っていたりする人の場合は自慢をしていることになり、そうでない人の場合は嘘をついている、話を盛っている、もしくは自分の実力を高く見積もりすぎていることになりますが、いずれにせよ、相手に自分を高く評価してほしいという気持ちが強いことに変わりはありません。

そして、自慢であろうと嘘であろうと、その話を**聞かされる相手は疲れてしまいます**。

自分を大きく見せようとする人は、往々にして、**会話の相手を「自分の観客」に**

してしまう傾向があります。

相手に口を挟む隙を与えないどころか、ほかの人が話しているときに、会話を横取りしてまで「自分がどれほどすごい人間なのか」をアピールし、しかも「否定することは許さない」という空気を前面に出してくるのです。

そうなると、相手はただうなずき、同調することしかできず、嘘や矛盾に気づいても、なかなか疑問を口にすることができません。

その結果、「どうして自分は、こんな話を延々と聞かされ、しかも話を合わせなければならないんだろう」「これはなんの罰ゲームなんだろう」という気持ちになり、時間とエネルギーを吸い取られたような感覚に陥ってしまうのです。

中には、そこまであからさまでなく、会話の節々にさりげなく自慢などを盛りこんでくる人もいますが、その場合も、何度も同じ話を聞かされ、そのからくりに気づくと、相手は「またか……」とだんだんうんざりするようになります。

自分を大きく見せようとする人は、共感性羞恥心《しゅうちしん》を刺激する

また、自分を大きく見せようとする人は、相手の共感性羞恥心を刺激します。

共感性羞恥心とは、「他人が失敗をしたり、恥をかいたり、非難されたりしているのを見たときに、まるで自分のことのように恥ずかしくなってしまう心理」のことです。

自分を大きく見せたい、相手に自分を高く評価してほしいという気持ちは、ほとんどの人の中にあるのではないかと思います。

人は失敗と反省を繰り返し、少しずつ成長します。

若いうちはどうしても、自己アピール欲求のおもむくままに、自慢したり、話を盛ったり、ときには嘘をついたり、知ったかぶりをしたり、できないことまでできると言ったりしてしまいがちですが、多くの人は年齢を重ねるうちに、「そんなことをしても、場がしらけるだけ」「自己アピールを鵜呑みにしてくれる素直な人もいるけれど、賢い人、経験豊かな人には見破られてしまう」「あとで嘘や知ったかぶりがばれたり、『できる』といったことができなかったりすると恥ずかしい」「長い目で見ると評価が上がるどころか、むしろマイナスになりやすい」と学び、過剰な自己アピールを控えるようになります。

そして、過去の失敗から学んだ人は、他の人が過去の自分と同じ失敗をしているのを

見ると、すぐにわかってしまいます。

そのため、必死で自分を大きく見せようとしている人と話していると、まるで過去の自分を見ているような気持ちになり、なんともいえない恥ずかしさや居心地の悪さを感じてしまうことがあるのです。

相手が若ければ「これから少しずついろいろなことを学んでいくんだろうなあ」と余裕をもって眺めることができますが、自分と同世代の人、上の世代の人がやらかしているのを見ると、共感性羞恥心はさらに大きくなります。


私は別に、「謙虚でいることが美徳である」などと、道徳の教科書のようなことを言うつもりはありません。

人生には、自己アピールが必要な場面もありますし、自分を少し高く売りこむことで、大きな仕事が入ってくることもあるでしょう。


ただ、必要に迫られたわけでもなく、焦燥感に駆られて、つい自分を大きく見せようとしてしまう人は、自分自身を受け入れられていないのかもしれません。

「ダメな自分、弱い自分を相手に知られても、別にかまわない」「相手が自分のダメな

ところ、弱いところを許せないなら、別にそれでもいい」と思うことができず、素の自分を相手に見せることに不安を覚えるため、ときには嘘をついてまで、「自分はいかに価値のある存在か」をアピールしてしまうのです。

しかしそれは、人と接するときに、常に鎧をまとっているのと同じことです。

これまで、自分を大きく見せようとする人は、なぜ、どのように相手を疲れさせてしまうのかについていろいろと書いてきましたが、その最大の理由は「**自分を大きく見せようとする人は、自分自身も相手も緊張させるから**」だといえるかもしれません。

常に相手のことを考えるだけで、話の内容や相手に与える印象が変わる

では、つい自分を大きく見せようとしてしまう人は、いったいどうしたらいいのか。

自分自身を受け入れるための方法については、前項をお読みいただくとして、もう一つ大事なのは、**常に相手のことを考えること**です。

たとえば、頭がいい人、仕事ができる人、お金や人脈を持っている人が、それを前提

とした話をしていても、まったく自慢に聞こえないどころか、むしろ相手が「この人の話をもっと聞きたい」と思うことはありませんか？

疲れる話と疲れない話、その違いはどこにあるのか。

結局は、「相手のことを考えているかどうか」ではないかと、私は思います。

聞き手が「また自慢かよ」「また自己アピールかよ」とうんざりしてしまうとき、話し手はたいてい、自分のことしか考えていません。

自分を大きく見せたい、相手に自分を高く評価してほしい、という気持ちが強すぎて、聞き手の気持ちに思いをはせる余裕がないため、話の内容もひとりよがりで、相手にとって何一つ面白くないものになってしまうのです。

しかし、話し手の中に、「この話をすることで、相手に楽しんでほしい」「この話をすることで、相手とこういう情報を共有したい」という気持ちがあれば、自然と話し方も内容も違ってきます。

もちろん、本当に楽しんでもらうためには話術も必要ですし、どんなに内容が面白くても、「持てる人」が話しているというだけで「自慢かよ」と思ってしまう人は一定数

いますが、「自分の話は、相手に何かしらのメリットをもたらすだろうか」「相手は自分の話をどんな気持ちで聞いているのだろうか」といったことを常に意識するだけで、相手に与える印象は大きく変わるのではないでしょうか。

自分を大きく見せようとしないことが、人生を楽にする

ちなみに、昔は人並みに「自分を大きく見せたい」という欲求もあった私が、それをあまりしなくなったのは、20代の終わりに自分のホームページを立ち上げてからです。ホームページ上では、やろうと思えばいくらでも自分を偽ることができます。

実際、ＳＮＳ上で、自分や自分の生活などをよく見せることに腐心している人を、今もしばしば見かけます。

ところが、幸か不幸か、当時私の職場に、ちょっとうるさ型の先輩がいて、その方が私のホームページをしばしばご覧になっていることがわかりました。

「ホームページ上で、少しでも自分を良く書いたら、きっと陰で『あんなに仕事できないくせに、何有能ぶってるの？』などと言われるに違いない……！」

そんな猜疑心《さいぎしん》と恐怖に襲われた私は、とにかく「自分を良く見せるようなことを書か

ない」ことを心に誓いました。

そして、そのほうが読んでいる人に喜ばれること、何より自分自身が楽なことに気づいたのです。


世の中に完璧な人はいません。

一見、完璧そうな人はいますが、そういう人は、周りから尊敬されてはいても、近寄りがたいと思われていたり、心の中に闇のようなものを抱えていたりすることが少なくありません。

もちろん、知らないことを知ろうとしたり、できないことを克服する努力をしたりすることは大事ですが、ことさらに自分を大きく見せたり、完璧に見せたりするよりも、わからないことは「わからない」、できないことは「できない」と素直に言ってしまったほうが、周りの人から助けてもらえることが増え、実力以上のことができてしまう可能性が高まります。

また、自分自身も相手もリラックスでき、話しやすい人と思われることが増えるのではないかと、私は思います。

第2章　マインド編

まとめ

話しやすい人の４つのマインド

- **他人に興味を持つ**
  ⇒　他人の話を聞けるようになる！
- **他人を尊重する**
  ⇒　他人から学べるようになる！
- **自分自身を受け入れる**
  ⇒　他人をフラットに見られるようになる！
- **自分を大きく見せようとしない**
  ⇒　自分も相手もリラックスさせられる！

考え方一つで、話しやすくなる！

第3章

シチュエーション編

話しやすい人はこう切り抜ける！

第3章では、

- 悪口トークが盛り上がっているとき
- 苦手な相手と話さなければならないとき
- 会話で「気まずい沈黙」が続くとき
- 会話の最中、「地雷」を踏んでしまったとき
- 相手を怒らなければいけないとき
- 相手が「激しい感情」を見せているとき

など、日常で遭遇しがちなさまざまなシチュエーションについて、話しやすい人としてどう対処すればいいかをお伝えしています。

ぜひ参考にしてみてください。

困ったシチュエーション①

悪口トークが盛り上がっているとき

参加しても参加しなくてもリスクがある、悪口トーク

その場にいない人の悪口で盛り上がること、しばしばありますよね。

愛が感じられる悪口（？）もあれば、シャレにならないレベルの悪口が飛び交うこともありますが、いずれにせよそこでどうふるまうかは重要です。


たとえば、あなたが悪口を言うのが好きで、かつ悪口を言われている人（仮にAさんとします）が好きでなかったりすると、つい一緒に悪口を言いたくなるかもしれません。

しかし、あまり盛り上がりすぎてしまうと、悪口を言っている仲間からさえ、「あの人、ふだんはAさんと仲良さそうにしているのに、陰ではあんなに悪口言うんだ……。私も陰で何言われてるかわからないから、気をつけなきゃ」などと思われてしまう危険

性があります。

あるいは、ほかの人の悪口に同意したりうなずいたりしただけなのに、「あの人、Aさんのこと、こんなふうに言っていたよ」などと告げ口され、すべての悪口の責任を負わされてしまう……などということも起こるかもしれません。

一方で、あなたが悪口を言うのが好きじゃない、Aさんのことを別に嫌いではない、といった理由から、悪口に加わりたくないと考え、「悪口はやめたほうがいいんじゃないかなあ」「Aさん、そんな悪い人じゃないと思う」など、その場の空気を壊すようなことを言ったとします。

その場合、周りの人から「自分だけきれいぶっている」「本心を見せず、何を考えているかわからない」などと思われてしまう可能性があります。

悪口に参加したくないときは、話題を変えてみる

では、周りが悪口で盛り上がっているときは、どう対処するべきなのか。

一番無難なのは、聞こえないふりをしてスルーすることですが、一対一の会話の場合

は通用しません。

そこでまず考えられるのは、「へえ」「ほう」「そうなんだ？」など、「それは私にとっては今まで見たことも聞いたことも考えたこともない新情報です」というテイで、ひたすら**当たり障りのないあいづちを打つ**という方法。

これなら、同意したことにはならないし、話し手の気分を損ねることもないでしょう。

とはいえ、あいづちを打つだけでも、相手が「この人、ちゃんと聞いてくれている」と感じ、さらに悪口が盛り上がってしまう可能性があります。

また、「あなたはどう思うのか？」と水を向けられたら、返す言葉に困ってしまうこともあるかもしれません。

そんなときに試していただきたいのが、**話題を変えるという方法**。

たとえば、相手（仮にBさんとします）が「Aさんって、全然仕事しないんだよね」と言ったら、「いやでもBさん、よくフォローしてるよね。見ててすごいし偉いなと思う」といった具合に、相手を褒める方向に話を持っていくのも手です。

悪口で盛り上がる人は、「自分の大変さを知ってほしい」と考えている可能性もあるからです。

さりげなく話題を変えるのが難しい場合は、多少強引かもしれませんが、悪口が途切れたときにでも、「あ、全然関係ないけど」と前置きしつつ、相手の好きそうなテレビ番組や相手が推しているタレントの話題を出してみたり、自分が困っていることを相談してみたりするのもいいかもしれません。

相手が、悪口と同等もしくはそれ以上に興味を持ちそうな話題、悩み相談など相手がスルーしづらい話題（人は何かを相談されると、たいてい「相手は悩んでいるのだから、ちゃんと答えなければ」という気持ちになります）を振るのがポイントです。

それを繰り返しているうちに、もしかしたら「あの人は、悪口になると話題を変える」「あの人、悪口あまり好きじゃなさそう」と気づかれてしまうかもしれませんが、そうなれば、気の進まない悪口大会に参加させられる機会も減るはずなので、むしろラッキーだと考えましょう。

ちなみに私は、悪口を聞くのは嫌いではありません。

もちろん程度にもよりますが、悪口というのは、とても人間らしい行為だと思うからです。

なので、周りが悪口で盛り上がっているときは、あいづちを打ちながら、ひたすら聞き役に徹することが多いのですが、ときに一緒に悪口を言うこともありますし、なんのフォローにもならないと思いつつ、「でもあの人、こういういいところもあるけどね」と、最後に言うこともあります。

ある程度のリスクは覚悟しつつ、**悪口も適度に楽しむ**。

それも、話しやすい人としての、一つの悪口への対処法かもしれません。

困ったシチュエーション②

苦手な相手と話さなければいけないとき

目に見えないバリアを張る

どうしてもそりが合わない家族。話していてついイライラしたり不愉快になってし

まったりする友人・知人。

笑えない冗談を連発し、ときには無理難題を押しつけてくる上司や同僚……。

できれば話したくないけれど、いろいろなしがらみがあって、そうもいかない。できれば塩対応して遠ざけたいけれど、嫌われるわけにもいかない。

おそらくみなさんの中にも、そうした悩みを抱えている人がいらっしゃるのではないかと思います。


「苦手な人」と一口に言っても、怖い人、うざい人、なんとなく嫌いな人、いろいろなケースがあると思いますが、いずれにせよ、苦手な人と話さなければならないとき、まず試していただきたいのが、「話す前に、**目に見えないバリアを張る**」という方法です。

私は、ある女性に取材をした際に知ったのですが、もともとは、バルバラ・ベルクハンさんの著書『アタマにくる一言へのとっさの対応術』（瀬野文教訳、草思社）に書かれている方法だそうです。


やり方は非常に簡単。

苦手だな、と思う人が近づいてきたり、話しかけてきたりしたとき、あるいはこちら

から苦手な人に話しかけなければならないときに、自分の全身が、何か（やわらかい繭《まゆ》や光、あるいは硬いシャッターなど、好きなもの、イメージしやすいものでかまいません）で守られている様子を頭に思い浮かべるだけです。

一度しっかりとイメージできれば、次からは「バリア」と唱えるだけで、瞬間的にバリアを張ることができます。

頭の中でしっかりイメージする（絵として思い浮かべる）ことができれば、「自分と相手との間に、目に見えないバリアがあり、自分の心と体が守られている」と感じられるようになり、心が落ち着きます。

そうすれば、苦手な相手から嫌なこと、困ったことを言われても、ある程度落ち着いて、余裕をもって対処できるはずです。

余裕をもって接しているうちに、相手のいいところに気づき、徐々に苦手意識が薄まっていくこともあるかもしれませんし、目に見えないバリアを相手が感じて、必要以上に近寄ってこなくなる可能性もあります。

私自身、このやり方を知ってから、ちょっと苦手だなと感じる人と話すとき、相手の

言動にとげとげしたものを感じるとき、緊張するような場に行き、話さなければならないときなどに、目に見えないバリアを張るようにしているのですが、それだけで心の中に安心感がうまれ、気持ちを落ち着かせることができます。

この方法は、苦手な相手と直接対面するときだけでなく、電話やオンラインなどで話すとき、苦手な人から届いたメールを読むときにも有効なので、良かったら試してみてください。

苦手な相手と話すときは、先手必勝を心がける

ほかに、苦手な人と接する際、もし可能であれば試していただきたいのが、**自分から声をかける**という方法です。

「先手必勝」「攻撃は最大の防御」という言葉がありますが、あなたが相手に苦手意識を持ち、避けていると、あなたと相手が接するときは基本的に「相手のほうから近づいてくる」「相手のほうから話しかけてくる」という状況になります。

つまり、必ず相手のペースで会話が始まり、あなたは応戦するしかありません。

それでは、いつまでも相手に合わせた対応をするしかなく、苦手意識はますます高

まっていきます。

しかし、あなたから話しかければ、少なくとも最初はあなたのペースで会話を進めることができます。

ちなみに私自身、ときどきこの「先手必勝」法を使うことがあるのですが、苦手な人に話しかけられたときよりも、自分から先に話しかけたときのほうが、気持ちに余裕をもって対応できる気がします。

もちろん、なんの用もないのに、わざわざ話しかける必要はありませんが、相手が近づいてきたな、相手が話しかけてきそうだなと思ったら、自分から話しかけてみましょう。

ほかに、すでにお伝えした「深呼吸をする」「口角を上げる」なども、苦手な人と話さなければならないときに役に立つかもしれません。

苦手な人と話していると、どうしても心身が緊張したり、相手のちょっとした言葉にイライラしたり動揺したりしますし、「この人のことが苦手だ」という思いが表情に出てしまうこともあります。

でもそんなとき、何度か深呼吸をすれば、リラックスして会話ができるようになり、イライラや動揺も落ち着きます。

意識して口角を上げることで、相手には「この人は自分に対して敵意を持っていない」と感じてもらえますし（相手があなたに対して怒っている場合は、逆にもっと怒らせてしまいかねないので、口角を上げるのはやめましょう）、脳がだまされて、あなた自身の中の「この人と話すの嫌だなあ」という気持ちも、少しやわらぐかもしれません。

困ったシチュエーション③

会話の最中、「気まずい沈黙」が続くとき

会話中に沈黙が続くと、焦って空回りしてしまいがち

二人きりで会話をしているとき、会話がスムーズに続かず、沈黙が重いと感じてしまう。みなさんの中にも、過去にそんな経験をしたことがある人が、おそらくたくさんい

らっしゃるでしょう。

沈黙の重さに耐えられず、こちらから話題や質問を振っても、相手から一言、二言しか返事が戻ってこなくて、会話がとぎれとぎれになってしまう。

焦って頭の中が真っ白になり、何を話したらいいかわからなくなってどうでもいいことを口走り、空回りし、自己嫌悪に陥る。

あるいは、人見知りだったり緊張したりしていて、相手から振られた話や質問にうまく答えることができない。

そのようなとき、いったいどのように対処すればいいのでしょうか。

ちなみに私自身、会話が続かなくて困ったことはもちろんあります。

特に、四半世紀以上経つ今でも鮮明に覚えているのが、新卒で会社に入って間もない頃のこと。

その日私は会社の先輩と、会社から駅までの15分ほどの道を歩いていたのですが、何せ部署に配属されたばかりで、共通の話題もありません。

二人で並んで黙々と歩くという状態に耐えられず、何かを話さなければ、コミュニ

ケーションをとらなければという焦燥感にかられた私は、目についたビルの名前や、そこらの　看板について、いちいちコメントしたりしたのでした。

そのときも、そして今でも、我ながら「心底どうでもいい話をしたな……」と思っていますし、おそらく先輩も「どうでもいいことばかり話す、うるさい後輩が入ってきた……」と呆れ、返答に困っていたのではないかと思います。

「沈黙はよくない」という思いこみを捨てる

残念ながら、まだこうしたケースに確実に対応できる方法を見つけられていない私ですが、昔に比べて変わったことが一つあります。

それは、年齢を重ね、**会話が続かなくても仕方ない**、多少沈黙の時間があってもかまわないと思えるようになったことです。

会話が続かなくて焦ってしまうのはたいてい、沈黙の時間を気まずいと感じたり、会話を続けられない自分はつまらない人間だと思われてしまうのではないか、もしくは、相手につまらない思いをさせてしまっているのではないかといった気持ちがあったりす

るためです。

しかし、気まずいと思っていると、余計にその沈黙が気まずいものに感じられてしまいますし、たかが5分や10分、沈黙の時間ができたからといって、あなたという人間の価値が損なわれるわけでも、相手の人生に何か大きな影響が生じるわけでもありません。

会話に対する感覚は、人によって異なります。

人と言葉を交わすのがあまり好きではない人、沈黙がまったく気にならない人も、おそらく世の中にはたくさんいるでしょう。

もしかしたら今、会話している相手もそういうタイプなのかもしれないと勝手に想像し、決めつけてしまえば、何か話さなきゃと焦っているときよりも気持ちが楽になるはずです。

「会話は二人の共同作業、共同責任。会話が続かないのは、私だけのせいじゃないもんね」と心の中で開き直ってもいいかもしれません。

とにかく、まずは**沈黙はよくないことだという思いこみを手放すこと**。

そうすれば、多少の沈黙は気にならなくなるでしょう。焦る気持ちがなくなれば、自

然と話したいこと、相手に訊きたいことなどが頭に浮かんでくるかもしれませんし、相手から振られた話題や質問に、ある程度リラックスして答えられるようになるかもしれません。

人によって会話に対する感覚は異なる

さて、あなたが誰かと話していて、なかなか会話が続かない場合、次のようなパターンが考えられます。

①相手が、実際に会話があまり好きではない人だったり、沈黙が気にならない人だったりする場合
②知り合ってまだ日が浅く、共通の話題が少ない場合
③あなたもしくは相手が、会話を広げるのが苦手な場合
④相手が、あなたの話や態度にうんざりしている場合

などがありますが、それぞれのケースごとに考えてみましょう。

まず、①の場合。

すでにお伝えしたように、人によって、会話に対する感覚は異なります。

何度か会ったり、しばらく話したりしているうちに「ああ、この人、そもそも会話があまり好きじゃないんだな」とか「沈黙がそんなに気にならないんだな」とわかったら、無理に会話を続ける必要はありません。

景色を眺める、自分の好きなもののことを考えるなど、自分なりに沈黙を楽しみつつ、どうしても話すべきこと、訊くべきことが頭に浮かんだら口を開く、あるいは、相手から話題や質問を振られたら口を開く程度にしておくといいでしょう。

最初のうちは「本当にこれでいいのかな」と不安になるかもしれませんが、何事も少しずつ慣れていくものです。

ただ、相手がそういう性格だということがはっきりするまで、多少時間はかかります。

関係性にもよりますが、場合によっては「割と二人で話してるとき、沈黙が流れがち

だけど、大丈夫？」などと訊いてみるのもいいかもしれません。

「ごめん、話すのあまり得意じゃないけど、楽しんでるよ」「そんなに沈黙流れてた？結構話しているつもりだったけど」などの答えが返ってくれば、相手の会話に対する感覚がわかって、不安がある程度解消され、いたずらに焦ることもなくなるのではないでしょうか。

相手から話や質問を振られたら、何か一つプラスして返す

次に、②の場合は、相手について知ることを会話の目的にしてみるといいかもしれません。

知り合ってから日が浅いのであれば、むしろ、訊くべきことは山のようにあるはずです。インタビュアーになったつもりで（ただし、うっとうしがられないように加減をしながら）、いろいろと話を聞いてみましょう。

テクニック編でお伝えした、５Ｗ１Ｈを使った質問方法などが、おそらく参考になるはずです。

そして、③の場合。

みなさんの中には、人見知りで緊張しやすい性格だったり、もともと会話が苦手だったりして、相手から会話や質問を振られても、とっさに話を広げられない人もいるでしょう。

そのような場合も、「ちゃんと答えなきゃ」と思うとますます焦ってしまいますし、「またうまく答えられなかった」「また会話を途切れさせてしまった」などと思うと、自己嫌悪にも陥ってしまいます。

ですから、まずはやはり、沈黙はよくないことだという思いこみを手放し、焦りや自己嫌悪を遠ざけること。

そのうえで、相手から振られた会話や質問に対し、自分の答えとともに、関連する**質問か情報を何か一つプラスして返す**ことを心がけるといいかもしれません。

ごく簡単な例を挙げましょう。

あなたがAさんから「どちらにお住まいですか？」と訊かれたとき、「○○区です」とだけ答えると、会話はそこで止まってしまいます。

しかし、「○○区です。Aさんはどちらですか？」と質問をプラスすれば、とりあえ

ず一度、ボールを投げ返すことができます。

それに対し、Ａさんから「△△市です」という答えが返ってきたとき、「ああ、そうなんですね」とだけ答えると、やはり会話は止まってしまいます。

でも、「△△市ってどのあたりにあるんですか？」「前に行ったことがあります」「友人が住んでいます」など、なんでもかまいませんから、相手の答えに関係する質問や情報をプラスすれば、もう一度ボールを投げ返すことができますし、相手もそれを受けて、次にどんな球を投げるかを考えることができます。


会話は共同作業です。

必要以上に沈黙を恐れることはありませんが、とにかく何か一つ、関連することをプラスするだけで、かなり会話が成立するようになるでしょう。

それを続けているうちに、会話に抱いていた苦手意識を克服できるようになるかもしれません。

相手が会話を広げるのが苦手な場合は、相手にプレッシャーを与えないよう、ゆったりした空気をかもし出しつつ、時々あなたから追加で質問するといいでしょう。

あなたは話しすぎているかもしれない

問題は④です。

この場合、あなたが自分の話したいことばかり話していたり、かつての私のように、何かしゃべらなければと焦りすぎて、相手にとってはどうでもいいことばかり話していたりする可能性があります。

相手が沈黙しているのは、もしかしたらあなたのことを「よく話す人だなあ」「どうでもいい話ばかりしているなあ」とうんざりしているせいかもしれません。

その状態で「沈黙を作らないようにしなきゃ」と、さらに自分ばかりが頑張って話しても、相手をますますうんざりさせ、会話を空回りさせ、相手の沈黙を長引かせることになってしまいます。

特に普段よく話す人は、少しの沈黙にも耐えられなかったり、自分が話しすぎていることに気づかなかったりする傾向があります。

もし、会話が続かないな、会話が空回りしているな、相手の反応が悪いなと感じたら、試しに、話さなきゃ、沈黙を作らないようにしなきゃという気持ちを抑え、**話すのをやめてみましょう**。

あなたと話したいという気持ちがあれば、いずれ相手のほうが口を開くはずです。それを辛抱強く待つのです。

そして、相手が話し始めたら、話をさえぎらないこと、適度で適切なリアクションを返すことなどを心がけ、とにかく良い聞き役に徹してみてください。

あなたが話すのをやめることで、ずっと沈黙が続いてしまうこともあるかもしれませんが、会話をする気がない相手に無理やり話しかけ、ますますうんざりされるよりはマシだと、私は思います。

なお、相手の口数が少ないのは、たとえば、「何を話してもネガティブなリアクションばかりが返ってくる」「話を聞きながらスマホばかりいじっている」など、あなたの話し方や話の内容、話すときの態度などに不快感を抱いている可能性もゼロではありません。

誰と話していてもいつの間にか相手の口数が少なくなっているなどの心当たりがある

人は、自分が人の話を聞くときの態度などをセルフチェックしてみてください。

困ったシチュエーション④

会話の最中、「地雷」を踏んでしまったとき

あなたの「大丈夫」の中に、誰かの地雷がひそんでいる

悪気はまったくなかったのに、会話の中でふと口にした一言や話題が相手にとっては地雷だったらしく、怒らせてしまった。

あるいは、地雷を踏んでしまったようだけど、相手が何も言ってくれないまま疎遠になったため、何がよくなかったのかいまだにわからない。

そんな経験をしたことがある人はいませんか?

誰かと会話をしていて、相手の地雷を踏んでしまったことは、もちろん私にもあり

ます。

特に、未熟だった若い頃は、いろいろと失敗がありました。

ひそかに地雷を踏んでいたのに、私が気づいていないというケースも、きっとたくさんあるはずです。

今でもたまにやってしまうのが、地雷というほどではないのですが、交際相手がいた人に「彼氏（もしくは彼女）とは仲良くやってる？」と訊いたところ、すでに別れていた……というケース。

訊く前から、別れている可能性もある程度念頭に置いているのですが、実際にもう別れたと聞くと、やはりドギマギしてしまい、「まあ、人生いろいろあるよね」などと適当なことを言いつつ、気まずい空気を必死で振り払います。

話しやすい人になるためには、もちろん、会話の中にひそむ地雷に気づき、回避することが必要ですが、これは非常に難しい問題です。

何を不快に思うかは、人によってまったく異なるからです。地雷は人の数だけあると言ってもいいかもしれません。

特に容姿や年齢、家庭環境、出身地、人種、学歴、仕事、政治、宗教、恋愛、セクシュアリティなどについて話すとき、「自分はこういうことを言われても気にならないから、相手もきっと気にしないだろう」「自分はこういう話題を振られても大丈夫だから、相手も大丈夫だろう」と考えるのは非常に危険です。

自分が言われたくない言葉、触れられたくない話題なら、口にする前に「あ、これは言わないほうがいいかな」という思いが頭をよぎることもあるでしょう。

しかし、自分がまったく平気なこと、気にしていないことだからこそ、人は何気なく、無邪気に、相手の地雷を踏んでしまうのです。

地雷のほとんどは、踏んでしまったほうにとっては「え？　今のが地雷だったの？」「え？　そんなことで怒るの？」と思ってしまうようなものでしょう。

あなたの「大丈夫」の中に、誰かの地雷がひそんでいるのです。

どんな人、どんなケースにも確実にあてはまる地雷の回避法は、残念ながらありませんが、ここでは、私なりに考えた（もしくはふだんから気をつけている）地雷の避け方をお伝えしたいと思います。

相手へのリスペクトを忘れないこと、相手の気配を察知すること

まず、何よりも大事なのは、**話している相手へのリスペクトを忘れないこと**です。相手のことを軽んじたり侮《あなど》ったりしていると、その気持ちは話し方や言葉に表れ、相手を不快な気持ちにさせます。

その時点ですでに地雷に軽く足をのせているようなものであり、もし相手が言われたくない言葉、触れられたくない内容を口にすれば、たちまち火柱が上がるでしょう。

相手を大事に思う気持ちがあれば、「これを言ったら相手は不快になるかもしれない」「この話題には触れられたくないかもしれない」といった想像力も、多少は働きやすくなるかもしれません。

次に大事なのが、会話をしながら、**常に相手の気配を察知すること**。

地雷を踏んだときは、たとえ相手があからさまに怒ったりしなくても、必ず顔色や表情、放つ空気が変わります。

そうしたら、以後、その話題を続けたり膨らませたりしてはいけません。

何か別の話題を思いついたふりをする、「あれ？　自分、何を話そうとしたんだろう」ととぼけるなどして、可及的速やかに撤収しましょう。

ただ、常に相手の気配を察知するといっても、必要以上に神経質になることはありません。

それでは、自分も相手も疲れてしまい、会話を楽しめなくなります。

あくまでもリラックスし（た空気を出し）つつ、相手を観察するようにしましょう。

たとえるなら、やわらかく動く繊毛で、相手が放つ思いや空気を受け止めるようなイメージです。

会話の内容にも注意が必要です。

相手の容姿や年齢、家庭環境、出身地、人種、学歴、仕事、恋愛、セクシュアリティ、宗教などについてネガティブなコメントをするのはもちろんＮＧですが、これらに関しては、よかれと思って言った一言が地雷となる可能性も高いため、特に関係が深まるまでは、慎重にコメントする必要があります。

もし相手から「実は自分は～なんだ」と打ち明けられたら、「ああ、そうなんだ」と、

まずはそのまま受け止めるのがいいかもしれません。

「世の中にはいろいろな人がいる」と心で理解する

ほかに心がけていただきたいのが、世の中にはいろいろな人がいると心で理解することです。

そういわれると、多くの方は「そんなのわかってる」と思うでしょう。

でも、頭でわかるのと心でわかるのとではやはり異なるのです。

「あなたの大丈夫こそ、誰かの地雷」と書きましたが、同様に、あなたが「当たり前」だと思っていることの中には、あなたにとって当たり前なだけで、ほかの人にとっては当たり前じゃないこともたくさんあります。

たとえば、最近ではだいぶ、レズビアンやゲイ、トランスジェンダーなどに関する理解は進んできたように感じるのですが、世の中には「他者に恋愛感情や性的欲求などを抱きにくい人」もいらっしゃいます。

私は、自分自身がゲイで、「世の中には同性が好きな人も異性が好きな人も、同性・

異性両方を好きな人もいる」というのは昔からわかっていたため、セクシュアリティがわからない相手とプライベートに関する話をするときには、「彼氏はいるの？」「彼女はいるの？」ではなく、「好きな人はいるの？」「つきあっている人はいるの？」と訊くようにしていました。

しかし、「他者に恋愛感情や性的欲求などを抱きにくい人がいる」と知ったのは、ずいぶんあとになってからのことでした。

今は、セクシュアリティがわからない相手には、不用意にそうした質問をしないようにしていますが、かつて私が「彼女いるの？」と訊かれるたびに息苦しい思いをしたように、もしかしたら私が「好きな人はいるの？」と訊いた相手の中に、息苦しい思いをした人がいたかもしれないと、ときどきふと考えることがあります。

もちろん、知らないうちは仕方がありませんが、もし「世の中には、こういう人がいる」という情報を得たときには、それをきちんとインプットし、「もしかしたら目の前にいる人が、そういう人なのかもしれない」という思いを、心の片隅に留めておくことをおすすめします。

●相手へのリスペクトを忘れないこと
●リラックスして会話をしつつ、常に相手の気配を察すること
●「世の中にはいろいろな人がいる」と心で理解すること

これらを心がけるだけで、あなたの言葉が変わり、話し方や会話の内容が変わり、地雷を踏んだり、被害を大きくしたりすることがかなり少なくなるのではないかと思います。

以上、今回は地雷の避け方について、私なりの考えをいろいろと述べてきましたが、ある程度こうしたことを配慮したうえで、それでも地雷を踏んでしまったときは、反省し今後に生かしつつ、あまり自分を責めすぎないようにしましょう。

また、世の中には、繊細で傷つきやすく、会話の至るところに地雷がひそんでいる人

もいらっしゃいます。
あまりにも地雷が多い人、あなたなりに配慮しているのに地雷を踏んでしまうことが多い相手など、話していて疲れると感じる人とは、あまり立ち入った話はしない、適度な距離感でつきあうようにするといった具合に、関係性自体を見直したほうがいいかもしれません。

困ったシチュエーション⑤

相手を怒らなければいけないとき

怒るとき、叱るときは、必ず相手の事情にも耳を傾ける

怒るとき、叱るとき、絶対にしてはいけないのは、一方的、感情的に怒りをぶつけること、叱ることです。

理由を話しもせず、事情や言い分を聞きもせず、いきなり怒りだす人や相手を叱りつける人が、話しやすい人とはほど遠いことはおわかりいただけるはずです。

恐がられたり、一目置かれたり、あるいは厳しいけど本当は優しい人、直情的だけど表裏がない人などと評価されることはあっても、話しやすいと思われることはほとんどないでしょう。

では、話しやすく、感じがいい人のまま、誰かに怒ったり叱ったりするにはどうしたらいいのか。

ここでも大事なのは、**相手の話を聞くこと**ではないかと思います。

相手の言動に腹が立ったのであれば、なぜそういうことをするのかを聞いたうえで、冷静に「できればそういうことはやめてほしい」という要望や、その理由を伝える。

相手がなんらかのミスを犯したのであれば、なぜミスを犯すに至ったのか、その経緯や事情を聞いたうえで、ミスの再発を防ぐための方法を考え、伝える（もしくは本人に考えさせる）。

そのような形であれば、怒ったり叱ったりした相手からも、話しやすい人だと思われ

る可能性は高くなるでしょう。

どうしても我慢できなくて怒ったときも、相手の言い分に耳を傾ける

もっとも、人間には、どうしても我慢できず、いきなり感情を爆発させてしまうことがあります。

もしかしたら、いきなり怒ったり叱ったりしたほうが、相手の脳に「これはやってはいけないことだ」「今度から気をつけなければいけない」という情報が強烈にインプットされ、結局は相手のためになるかもしれませんが、そのような場合でも、後で必ず相手の言い分にきちんと耳を傾けること。

それができれば、「この人とは話したくない」と思われることは少なくなるでしょう。

もちろん、大勢の人の前で、ネガティブなだけの言葉で、怒ったり叱ったりするのはNGです。

見せしめのため、マウントをとるために人前で誰かを叱るというのは、他者を支配す

るためにしばしば用いられる手段ですが、それによって表面的に相手を萎縮させ、従属させることはできても、決して本当の意味で心を許してもらうことはできません。
「だからお前はダメなんだ」などと頭ごなしに言う人より、「ここに気をつけたほうが、もっとあなたにとってプラスになると思う」と言う人のほうに、たいていの人はよい感情を抱くはずです。

怒るとき、叱るときは、**あまり多くの人はいない場所**で、**ポジティブな言葉を交える**。

それも、怒ったり叱ったりした相手からも、話しやすい人だと思われるポイントの一つだといえるでしょう。

■ 話しやすい人になるためには、怒らないのが一番？

などと、知ったようなことを書いていますが、私自身は、人に対して怒ったり叱ったりすること自体が苦手です。

他人に直接怒ったことは、大人になってからは数えるほどしかありませんし、子ども

や部下がいないせいか、誰かを叱ったこともほとんどありません。

腹が立つことや相手のミスによる被害を受けることがあっても、「腹は立ったけど、冷静に考えたら、別にわざわざ怒るほどのことでもないよね」「まあ、人間だから失敗もあるよね。自分もよく失敗するし」「自分でダメだと気づかないと、なかなか人間、変われないよね」などと考え、黙って放置したり、「ミスを責めるより、先にミスをカバーする方法を考えないと」と思ったりすることが圧倒的に多いのです。


このように、めったに怒ったり叱ったりしないことこそが、私が比較的いろいろな方から話しやすいと感じていただけている、非常に大きな理由の一つになっているとは思います。

ですから、話しやすい人になるためには、**そもそも怒ったり叱ったりしない**ことが一番……だといえるかもしれませんが、それが人として正しいあり方なのかどうかは、私にもわかりません。

困ったシチュエーション⑥

相手に謝らなければいけないとき

謝るときは言い訳をせず、謝罪に徹する

では、逆に、自分（あるいは自分の身内や部下など）が誰かを怒らせたり、傷つけたり、ミスをしたりして謝らなければならなくなったときは、どうすればいいのでしょう。

ここで大事なのは、**言い訳をせず、きちんと謝ること**です。

当たり前のようですが、これができない人は少なくありません。

自分の非を認めないことで、自分自身の価値やプライドなどを守ろうとする心理が働いたり、「非を認めたらこっぴどく怒られたり、損害賠償を請求されたりするかもしれない」という恐れがうまれたりするため、明らかに自分に非があっても、素直に謝ることができないのです。

もちろん、いろいろと言い分はあるでしょう。

たとえば、遅刻。

「電車が事故で大幅に遅延して……」とか「道で困っているおばあちゃんを助けて……」など、明らかに原因が本人以外にある場合はもちろん、一見その人自身に原因がある場合でも、「連日忙しくて、どうしても朝起きられなかった」「出がけに、干さなければいけない洗濯物があることを思い出した」「子どもやペットが言うことを聞いてくれず、なかなか家を出られなかった」など、本人にとっては不可抗力としか思えない理由や事情が、きっとあるはずです。


しかし、どのような理由や事情があろうと、それをわかってほしいという気持ちを一度ぐっと飲みこんで、まずは「遅れてすみません」としっかり謝りましょう。

相手にとっては「あなたが遅刻した」という事実のみが重要であり、あなた側の理由や事情などは、基本的にはどうでもいいからです。


謝罪した直後に、理由や事情を伝えるのもＮＧです。

せっかく謝っても、すぐあとに言い訳をしたのでは、謝罪をした意味がなくなってしまいかねません。

理由や事情を話すのは、謝罪後に相手から訊かれた場合のみ。

どうしても相手に理由や事情を知ってほしいのであれば、謝罪後しばらく時間がたち、相手の怒りなどがしずまってから「実は……」と話すようにしましょう。

やや姑息な手段ですが、後日怒っている本人に伝わるよう、その人と近しい別の人に事情を話してしまうのもありかもしれません。

「怒るとき、叱るときは相手の事情を考慮し、謝るときは言い訳しない」となると、自分ばかりが損をしているような気持ちになるかもしれませんが、残念ながら、世の中というのは、往々にして不平等なものなのです。

「自分の正しさ」ばかりを主張してはいけない

ちなみに私も、子どもの頃はかなりの言い訳番長でした。

自分の言動やミスを親や先生などから咎《とが》められ、自分としては、そんな言動をとった

（そんなミスをした）正当な理由だと思っていることを伝えているだけなのに「言い訳をするな」と叱られるたびに、事実を話しているのに、「言い訳」の一言で片づけられるのは理不尽だと思ったものです。

でも年齢を重ねるにつれ、わかってきました。

法廷で争っているならともかく、人と人とのコミュニケーションにおいて、怒っている相手や対立している相手に対し、**「自分の正しさ」ばかりを主張して良いことなどありません**。

人は、結局は感情の生き物であり、「正しい人」を好きになったり、話しやすいと感じたりするわけではありません。

誰かに腹を立てたり迷惑をかけられたりしたとき、相手が謝りもせずに言い訳ばかりしていたら、おそらくみなさんも「こんな人とはまともにコミュニケーションできない」と思うでしょう。

そもそも、「自分が正しい」と信じているのは本人だけであり、実際には本人の言動に問題があったり、相手やほかの人からは「あの人、自分が正しいって言っているけど、

明らかにあの人のほうがおかしいよねえ」と思われたりしている。
そんなケースは山のようにあります。

ですから、基本的には、謝罪をするときは謝罪に徹し、どうしても自分の気持ちが処理しきれないときは、自分の事情を静かに聞いてくれそうな人（つまり、あなたにとっての話しやすい人）に聞いてもらいましょう。

ただ、これはあくまでも、話しやすい人だと思われたい相手、大事にしたい相手への対応です。

中には、相手が謝れば謝るほど怒りを増幅させたり、謝罪につけこんでいろいろな要求をしてきたりする人もいます。

そのような人に対しては、ときには毅然とした態度をとることも必要です。

困ったシチュエーション⑦

相手を褒めなければいけないとき

褒めるのは意外と難しい

みなさんは、人を褒めるのは得意でしょうか？　それとも苦手でしょうか？

実は、私自身はあまり得意ではありません。

いや、決して他人に対する評価が厳しいわけではありません。

どちらかといえば、他人の作品に感動したり、他人のいいところ、面白いところを見つけ出したりするのが得意なほうではないかと、自分では思っています。

人間は誰も完璧ではなく、どれほど頑張り、どれほど努力しても、至らぬところやミスが出てくるのは当たり前です。

相手の成長を願って、あるいは社会が良くなることを願って、ときにはそうしたとこ

ろを厳しく指摘することも必要かもしれませんが、基本的には、人と人が至らぬところやミスを攻撃し合うより、お互いに相手の良い点、頑張った点をどんどん褒め合ったほうが、世の中が平和に、ハッピーになるというのも十分理解しています。

そしてもちろん、褒めるのが上手な人のほうが、話しやすい人だと思われる可能性は高いでしょう。

中には、褒められるのが本気で苦手な人、褒められると居心地の悪さを感じてしまう人もいますが、多くの人は褒められて悪い気はしないはずです。

そこまでわかっていてもなお、私は褒めるのがあまり得意ではありません。

特に、短い言葉で褒めるのが苦手です。

誰かの人柄、誰かの言動、誰かの作品を心の底から素晴らしいと思い、感動しても、それを短い言葉にしたとたん、**なんだか嘘くさくなってしまう**ような気がしてしまい、「この人のことを褒めたい」という気持ちが強ければ強いほど、そうした傾向が強まるのです。

もしかしたら、その裏には、これまで「口先だけで褒めるのが得意な人」を何人か見てきたため、「軽々しく誉め言葉を口にしたら、自分もあんなふうに口先だけで褒める人間だ」と思われてしまうのではないか……という気持ちがあるのかもしれません。

つまり、つまらない自意識が邪魔をしてしまうわけです。

褒めるときは「私」を主語にし、ディテールを大事にする

ただ、そんな私が最近、自分なりにたどりついたのが、褒めるときには、

- できるだけ具体的に褒める
- 自分はどう感じたかを伝える

ということです。

その人自身やその人の作品などについて、漠然と「好き」「面白かった」「良かった」と言っても、気持ちが伝わりづらく、場合によっては表面的な言葉に聞こえたりもするでしょう。しかし、

「あなたの（あるいは、あなたの作品の）こういう点が、（私は）好きです」

といった具合に、具体的なポイントと、ときには**「私は」という主語を入れる**ことで、通り一遍ではない、自分自身の心からうまれた感想である、というニュアンスが加わります。

また、これは相手との関係性にもよりますが、ある程度軽口を叩いても大丈夫な相手で、あまりにも褒めるばかりだと嘘くさくなるなと思ったときは、

「最初はちょっととっつきにくい人だと思ったけど」

「実際に見るまではどんなものかと思ったけど」

といった軽い前置きを入れてから「仲良くなって、どんな人なのか知れば知るほど、どんどん好きになる」「あなたのこの作品、最高だった。特にこの部分が、私は好き」などと伝えると、誉め言葉の本気度が高まるような気がします。

ここで重要なのが、**必ず褒め言葉で終わらせる**こと。

「あなたのことは大好きだけど、最初はちょっととっつきにくい人だと思ってた」「あなたのこの作品、最高だったけど、実際に見るまではどんなものかと思ってた」だと、同じことを言っていても、後に残る印象がまるで違ってしまいます。

なお、どうしてもとっさに、その場で気の利いた誉め言葉が言えないという場合は、メールなどで感想を伝えるなり、後日、ゆっくり時間がとれるときに、ていねいに感想を伝えるなりするといいでしょう。

場合によっては、そのほうが、あまりにもスムーズに誉め言葉を口にできる人より、信頼できる人、話しやすい人だと思われるかもしれません。

困った
シチュエーション⑧

相手が「激しい感情」を見せているとき

話しやすい人になるための基本は、「相手の感情」に寄り添うこと

次に、相手（あるいはその場にいる誰か）が激しい感情を見せた際、どう対応したらいいかを考えてみましょう。そのようなときにいかにふるまうかによって、人があなたに対して抱く印象が大きく変わるからです。

まず、相手が何か嬉しいことがあって喜んでいたり、楽しい気持ちになったりしている場合。

これはもう、共に喜ぶ、共に楽しむ一択です。

別に「あはは、嬉しいね」「楽しいね」などとわざわざ言葉に出して言う必要はありませんが、一緒に笑う、微笑みを浮かべる、楽しそうな空気を出すなど、相手の気持ちや言葉を全肯定するのがベストではないかと思います。

相手が他人の不幸を喜んでいる場合や、（厳粛な式典の最中にいきなり笑いだすなど）その場にふさわしくない態度をとっている場合は別ですが、そうでないかぎり、間違っても「そんなに喜ぶようなこと？」「喜んじゃって、バカみたい」などと、水をさすようなことを言わないようにしましょう。

話しやすい人と思われるどころか、場合によっては絶交されたり、距離を置かれたりする危険性があります。

なお、私も過去にそうしたケースをたくさん見てきたのですが、気の利いた冗談を言っているつもりで、あるいは、クールで理性的な自分、なんでも思ったことを言ってしまう正直な自分を表現したくて、楽しい気持ちでいる人にシニカルな言葉を投げかける人は少なくありません。

でも残念ながら、そうした冗談はまったく笑えず空回りするだけであり、クールではなく空気が読めない人、正直ではなく無神経な人、と周りから思われてしまうだけです。

話しやすい人になるためには、まず、**相手の感情に寄り添う**こと。

これが何よりも大事な基本だといえるかもしれません。

相手が怒っているときは、とにかく話を聞く

次に、相手が怒っているとき。

これは少し難問です。

その場の状況や相手のキャラクターにより、取るべき対応が変わってくるからです。

しかし、基本的にはやはり、怒りの感情に寄り添うのがもっとも無難です。

深呼吸をさせるなど、気持ちを落ち着かせるための具体的な行動を促すのはいいのですが、誰かが怒っている最中に、「まあ、落ち着いて」「そんなに怒ると体に良くないよ」と抽象的なことを言ったり、「私は、あなたにも問題があると思う」などと、相手の言い分を否定するようなことを言ったりしても、そう簡単に落ち着くはずもなく、相手はますます怒りをエスカレートさせ、あなたの言うことを聞かなくなることもあるでしょう。

どうしても間違いを正したりアドバイスをしたりしたいなら、（相手との関係性や相

手の性格にもよりますが）相手が少し落ち着いてからにしましょう。

かくいう私も実は、過去に、仲のいい友人が腹を立てているとき、「でもまあ、相手にも事情があるだろうし……」などと言ってしまったことがあります。

私としては、そういう「他者目線」が入ることで、友人が少し冷静さを取り戻せるのではないかと考えた結果であり、友人も「それはわかっているけど……」と一応聞いてはくれたのですが、その場にいた別の友人から、あとで「いや、あそこは黙って聞いてあげるべきだったと思うよ」と言われ、反省しました。

とにかく、まずは怒っている人の話を聞くこと。

その際、**一緒になって怒ってみせる**のもいいかもしれません。

一緒になって怒ることで、相手は「この人は自分の気持ちをわかってくれている」と感じるかもしれませんし、冷静さを取り戻す可能性もあります。

周りの人が本人以上に怒ると、怒っていた本人はむしろ冷静になるということがしばしばあるからです。

ただ、相手の怒りが客観的に考えて正当なものであればいいのですが、話を聞いてい

て「いや、それ、むしろアンタのほうが悪いんじゃ……」とか「そんなことで怒るなんて、さすがに沸点低すぎるだろ」と思うこともあるでしょうし、たとえその場限りであっても、同調することにためらいが生じるかもしれません。

また、相手が怒っているのが、個人でなく会社や政府などの大きな組織や、あなたが一生会うことのない他人であればいいのですが、場合によっては、あなたがお世話になっている人だったり、あなたの友だちだったりすることもあります。

そんなとき、一緒になって怒ったりすると、あなたが言ったことが、そのまま相手に筒抜けになる危険性もあります。

このように、同調するのが難しいシチュエーションでは、「へえ、なるほど」「そんなことがあったんだ」と、極力自分自身の評価（「それはひどいね」など）を交えずにあいづちを打つといいでしょう。

話を聞きあいづちを打っただけでも、「あの人は私に味方してくれた」などと、相手から間違った情報が発信される危険性ももちろんありますが、実際に悪口を言ったりしていなければ、万が一の場合にも「いや、私は話を聞いただけです」と、良心の痛みを感じることなく、堂々と言うことができます。

冷静さは、話しやすい人になるうえで非常に重要

ちなみに、誰か、もしくは何かに怒っている人が、事実を客観的にすべて話しているとは限りません。

むしろ、自分の非に気づいていなかったり、自分に都合の悪いことをあえて言っていなかったりするケースのほうがはるかに多いでしょう。

ですから、話を聞き、ときには同調しながらも、常に冷静さを保ち、「この人が言っていることが、すべて事実とは限らない」という意識を持っておくことは大事です。

こうした**冷静さは、実は話しやすい人になるうえで非常に重要**だと思っています。

感情に振り回されがちな人は、その時々の波長や感情が一致すれば、話し相手にとっては心強い味方になります。

喜んでいる人がいれば全力で一緒に喜び、怒っている人がいれば一緒に怒り、悲しんでいる人がいれば一緒に悲しんでくれるでしょう。

でも、そのような人は、たとえばAさんとBさんが喧嘩をしているとき、今日はAさ

んの話を聞いて同情し、Aさんの味方をし、翌日はBさんの話を聞いて同情し、Bさんの味方をする……といったことがしばしばあります。

そうしたことが明らかになれば、人はなかなかその人に安心して心を委ねることができなくなります。

気持ちや考え方のブレが少ないこと、さまざまな人の話をフラットに聞くことができることも、多くの人にとっての話しやすい人になるうえで必要な条件であるといえるかもしれません。

では、相手が自分に対して怒っている場合はどうでしょう。

そのようなときも、まずは相手に言いたいことを全部話してもらいましょう。

あなたのほうにも言い分はあると思いますが、途中で「いや、それは……」などと腰を折ると、ますます話がややこしくなります。

一度全部吐き出すと、ある程度気持ちが落ち着くことが多いので、訂正や反論をするなら、相手の話がひと通り終わってから、冷静に伝えるといいでしょう。

悲しんでいる最中の人に、励ましの言葉は届かない

次に、失恋や身近な人（もしくはペット）との別れ、自身や身近な人の病気などによって、相手が悲しんでいるとき。

その場合も、やはり**共感を示しながら話を聞くことが大事**です。

相手が何も言わないうちは静かに見守り、口を開いたら黙って聞いておく。

それだけで、悲しんでいる人の気持ちはかなり救われるはずです。

そのうえで励ますかどうか、励ますとしたらどのような言葉を使うかは、なかなか難しいものがあります。

悲しんでいる人に、下手な慰めの言葉をかけても、まったく響かないどころか、「いいから黙って」と思われてしまうことは少なくありません。

特に難しいのが、自分の話をすること。

人が悲しんでいるとき、共感の気持ちを示すため、あるいは相手の気持ちを軽くするため、「わかる。自分にも昔、同じようなことがあって……」と言いたくなるのはわかります。

実際、悲しい経験をした人が、同じような経験をした仲間の存在や言葉に救われることは少なくありません。

ただ、相手が悲しい経験をしたばかりのとき、自分の悲しみでいっぱいのときに、自分の経験談を話しても、なかなか相手の心に届きません。

それよりも「自分の話を聞いてほしい」という気持ちのほうが強いからです。

自分の話をするのは、あくまでも、相手の悲しみが一段落した後、相手が「同じような経験をした人の話を聞きたい」という意思表示をしてから、が良いでしょう。

悲しい経験をしたばかりの人に「頑張って」「悲しんでばかりいても仕方ない」など、前向きな励ましの言葉をかけるのも微妙です。

すぐに悲しみから立ち直らせようとするのではなく、話を聞き、「辛かったね」「大変だったね」「何かできることがあれば言ってね」などの共感を示す言葉、「自分は一人じゃない」「自分には見守ってくれている人がいる」と相手が感じることができる言葉

をかけ、相手がしばらく、安心して悲しみに浸ることができる状態を作るのが良いのではないかと私は思います。

悲しむだけ悲しんだら、多くの人は自然に悲しむことに飽き、自然と前を向いて歩き出すようになりますが、中には悲しみの中に閉じこもったまま、出てこられなくなる人もいます。

そのときこそ、気持ちを引っ張り上げるために、定期的に励ましの言葉をかけるといいかもしれません。

失敗して落ちこんでいる人にこそ、自分の失敗談は有効

最後に、相手が仕事やお金のこと、恋愛や人間関係などでなんらかの失敗をして落ちこんでいるときの対応について考えてみましょう。

実は、「**自分の同じような失敗談**」がもっとも有効なのは、そのようなシチュエーションかもしれません。

失敗して落ちこんでいるとき、多くの人は自己嫌悪に陥り、「自分はもうダメかもしれない」「まわりに迷惑をかけてしまった」「あの人に嫌われてしまった」といった感情に襲われています。

そのようなときに、なんの根拠もなく、「大丈夫」「なんとかなるって」などと言っても、それらは「他人が発する無責任な言葉」でしかありません。

しかし、同じような経験をし、乗り越え、生きている人がいれば、かなりの心の救いになります。

少なくとも私の場合、これまで失敗をしたときは、何度となく経験者たちの言葉に救われてきました。

これは、失敗した直後でも効きます。

いや、失敗した直後ほど効くといえるかもしれません。

あくまでも私自身の考えですが、怒っている人や悲しんでいる人よりも、失敗した人のほうが、「早くこの気持ちを断ち切りたい」「早く前を向いて歩きたい」という気持ちが強いように思うからです。

そして、落ちこんでいるときに、同じような失敗をした人の話を聞くと、どこか信頼感や安心感、仲間意識のようなものを感じることがよくあります。

「失敗は成功のもと」という言葉がありますが、「**失敗は話しやすい人のもと**」といえるかもしれません。

もちろん、失敗によって迷惑をかけた人へのフォローや、同じ失敗を繰り返さないための反省は必要ですが、自分が失敗したときには

「いつかこれが誰かの役に立つかもしれない」

と思うと、みなさんの気持ちも少し楽になるのではないでしょうか。

第3章　シチュエーション編

まとめ

①悪口トーク
話題を変える／悪口も適度に楽しむ

②苦手な相手
目に見えないバリアを張る／自分から声をかける

③気まずい沈黙
沈黙はよくないという思いこみを手放す／質問か情報を何か一つプラスして返す／話すのをやめてみる

④地雷の避け方
相手へのリスペクトを忘れない／相手の気配を察知する

⑤怒るとき
相手の言い分に耳を傾ける／そもそも怒らない

⑥謝るとき
言い訳をせず謝る／自分の正しさばかり主張しない

⑦褒めるとき
「私」を主語にし、ディテールを大事に

⑧感情的な相手
相手の感情に寄り添う

おわりに

この本では、話しやすい人になるためのテクニックやマインドなどについて、みなさんにお伝えしてきました。

なんの専門家でもない私ですが、これまでの人生でうまくいったこと、失敗したこと、学んだことを投入し、「話しやすい人になる」というテーマについて、私に書けることはすべて出し尽くしたつもりでいます。

ただ、この手のノウハウ本は、本当は「これだけやれば、あなたは話しやすい人になる」といった具合に、もっとわかりやすくシンプルに、文字数も少なめに書くのが鉄則です。

みなさんの中にはもしかしたら「情報が多すぎてわかりにくい」と思われた方もいらっしゃるかもしれません。

そうなったのは、この本の元になった、アルファポリスのウェブサイトで行っていた連載が「一回あたり４０００字×約30回分」という、結構な分量だったためでもありますが、「人と人とのコミュニケーションの取り方に、決まった正解がない」ためでもあります。

人はそれぞれ、性格も考え方も行動のパターンも異なります。

コミュニケーションにおいて何かしらの問題が起きたとき、「その原因はこれであり、こうすれば解決する」と断定してしまうのは難しく、それを無理やりシンプル化すれば、必ずやひずみや取りこぼしが生じるでしょう。

そのため、この本では、内容が複雑化するのを承知のうえで、あえて一つのポイントや一つの問題などについて「こうしたことも考えられる」「ああしたことも考えられる」と、さまざまなパターンや解決法を書いてみました。

それからもう一つ。

さんざん細かいことを書き散らしておいてナンですが、話しやすい人になるために本当に必要なことは何かというと、結局は、「相手の立場や気持ちを想像し、相手を思い

やる」の一言に尽きるのではないかという気がします。

正解かどうかはわからなくても、まずは自分なりに、相手がどのような人なのかを考え、「どうすれば相手は喜んでくれるだろうか」「どうすれば相手は楽しんでくれるだろうか」「どうすれば相手を傷つけずにすむだろうか」「どうすれば相手に嫌な思いをさせずにすむだろうか」と考える。

「相手の反応があまり良くない」と感じたり、コミュニケーションにおいてなんらかのトラブルが発生したりしたときは、自分の言動に何か問題がなかったかを、できるだけ客観的に考え、反省し、次につなげる。

「細かいテクニックなどを覚えて実践しよう」と考えるより、こうした姿勢を持ち続けることのほうが、話しやすい人になる近道なのではないかと、私は思います。

そして、もしこの本を読んで「そこまでしないと、話しやすい人になれないのか」「話しやすい人になるのは、自分には難しい」と感じられた方は、どうか、無理に話しやすい人になろうとしないでください。

人生何事も、無理のしすぎはよくありません。

他人から押しつけられた「こうすれば～になれる」を無理に実践しようとすることで、気持ちが萎縮したり行動が不自然になったりしてしまい、その人らしさ、その人がもともと持っている良さが失われるおそれがあります。

それでは、逆に話しやすい人から遠ざかってしまいます。

これからこの本を読まれるみなさんは（本を、あとがきから読まれる方もいらっしゃるので）、まずは頭から、もしくは目次を見て気になる箇所を選んで目を通していただき、「ああ、この部分は自分にあてはまるかもしれない」「この部分は参考になるかもしれない」と感じたところだけ心に留め、気が向いたときに、無理なくできそうな部分を実践していただければ幸いです。

最後に、これまで出会ったすべての方々に、心からお礼を申し上げます。

２０２３年３月　村本篤信

【著者紹介】

村本篤信（むらもと　あつのぶ）

1972年大阪府生まれ。都立国立高校、一橋大学社会学部卒業。大日本印刷に入社後、フリーのライター、編集者に転身。『3000円投資生活』シリーズ（アスコム／著・横山光昭）をはじめ、累計250万部以上 の書籍を手がけたほか、取材記事、社史などのライティングを行い、2021年には『ロジカルメモ』（アスコム）を刊行。

2012年に「テレビ朝日21世紀新人シナリオ大賞」優秀賞を受賞して以降は、ドラマや舞台の脚本も執筆。

一方で、90年代よりホラー系ドラァグクイーン「エスムラルダ」として、各種イベント、メディア、舞台公演などに出演し、2018年からは及川眠子・中崎英也のプロデュースにより、ディーヴァ・ユニット「八方不美人」を結成。エスムラルダ名義でのコラムや書籍のライティングも行っている。

この作品に対する皆様のご意見・ご感想をお待ちしております。
おハガキ・お手紙は以下の宛先にお送りください。

【宛先】
〒150-6008 東京都渋谷区恵比寿4-20-3 恵比寿ｶﾞｰﾃﾞﾝﾌﾟﾚｲｽﾀﾜｰ 8F
（株）アルファポリス　書籍感想係

メールフォームでのご意見・ご感想は右のＱＲコードから、
あるいは以下のワードで検索をかけてください。

アルファポリス　書籍の感想　検索

ご感想はこちらから

話《はな》しやすい人《ひと》になれば人生《じんせい》が変《か》わる

村本篤信（むらもと あつのぶ）

2023年 4月 15日初版発行

編集－芦田尚
編集長－太田鉄平
発行者－梶本雄介
発行所－株式会社アルファポリス
〒150-6008 東京都渋谷区恵比寿4-20-3 恵比寿ｶﾞｰﾃﾞﾝﾌﾟﾚｲｽﾀﾜｰ8F
TEL 03-6277-1601（営業）03-6277-1602（編集）
URL https://www.alphapolis.co.jp/
発売元－株式会社星雲社（共同出版社・流通責任出版社）
〒112-0005 東京都文京区水道1-3-30
TEL 03-3868-3275
装丁・目次・本扉デザイン－ansyyqdesign（annex）
印刷－中央精版印刷株式会社

価格はカバーに表示されてあります。
落丁乱丁の場合はアルファポリスまでご連絡ください。
送料は小社負担でお取り替えします。

ISBN 978-4-434-31779-8 C0030